农村土地法律实务

NONGCUN TUDI FALÜ SHIWU

主　编◎刘建宏

副主编◎陈凤贞

撰稿人◎（按撰写章节先后顺序排）

刘建宏　　杨遂生　　陈凤贞

李文胜　　陈向怀

中国政法大学出版社

2017·北京

图书在版编目（ＣＩＰ）数据

农村土地法律实务/刘建宏主编. —北京：中国政法大学出版社, 2017.12（2021.1重印）
ISBN 978-7-5620-7926-2

Ⅰ.①农…　Ⅱ.①刘…　Ⅲ.①农村－土地法－基本知识－中国
Ⅳ.①D922.304

中国版本图书馆CIP数据核字(2017)第294196号

出　版　者　中国政法大学出版社

地　　　址　北京市海淀区西土城路 25 号

邮　　　箱　fadapress@163.com

网　　　址　http://www.cuplpress.com（网络实名：中国政法大学出版社）

电　　　话　010-58908435(第一编辑部) 58908334(邮购部)

承　　　印　保定市中画美凯印刷有限公司

开　　　本　720mm×960mm　1/16

印　　　张　8

字　　　数　130 千字

版　　　次　2017 年 12 月第 1 版

印　　　次　2021 年 1 月第 2 次印刷

印　　　数　4001～7000 册

定　　　价　29.00 元

编审人员介绍

主　编：刘建宏，博士，湖南广播电视大学文法教学部主任、教授。兼任国家开放大学法学专业教学研究中心组成员、法律事务专业（农村法律服务方向）主持人，湖南省法学会法学教育研究会副会长，湖南省教育厅高等职业院校学生申诉处理委员会委员，湖南省远距离教育研究会常务理事，上海建纬（长沙）律师事务所律师，长沙仲裁委员会仲裁员。主编教育部"一村一名大学生"计划教材——《农村常见法律纠纷处理实务》等9部教材。

副主编：陈凤贞，娄底广播电视大学分校副教授，湖南省法学远程教育专业委员会常务理事。

参编人员：

杨遂生，娄底广播电视大学分校副校长、副教授，湖南省法学远程教育专业委员会副会长，娄底市法学会副会长。

李文胜，广州大学律师学院副院长、教授，博士。

陈向怀，湖南省双峰县甘棠镇人大副主席，曾多年从事农村土地行政管理工作。

前　言

2015 年，教育部"一村一名大学生计划"增设法学（农村法律事务方向）专业。《农村土地法律实务》一书是为该专业的"农村土地法律实务"课程编写的文字教材。

千百年来，中国农村土地问题一直是社会的热点问题。新中国成立后，在农村土地制度的改革方面进行了艰难探索。三十多年来，经过多轮改革，中国逐步建立了以家庭承包经营为基础的农业生产经营体制，形成了具有中国特色的农村土地所有权、承包权和经营权三权并行的土地制度。随着《中华人民共和国土地管理法》《中华人民共和国农村土地承包法》《中华人民共和国物权法》《中华人民共和国农村土地承包经营纠纷调解仲裁法》的颁行，农村土地管理逐步走上了法治轨道。农村土地法律实务也逐步成为农村法律服务中一项非常重要的内容。

本书编写组针对农民大学生的学习需求，以农民实用和常用的土地法律知识为主要内容，不追求理论体系的完整性和内容的面面俱到，重在培养学习者的农村土地法律实务技能。在体系上，以农村土地法律实务的基本要素为主线，结合农村土地的分类管理，从七个方面介绍农村土地法律实务问题：农村土地法律实务概述，农村土地承包和经营法律实务，农村自留地、自留山使用权法律实务，农村宅基地使用权法律实务，农村集体建设用地使用权法律实务，农村土地征收法律实务和农村土地法律纠纷处理实务。

在编写本书的过程中，注重突出了两点：

1. 实用性。以讲析农村常见的土地法律实务问题为主线，帮助学习者掌握农村常见的土地法律实务办理流程、方法与技能。避免面面俱到地讲述土地法理论、城乡土地规划等农民不常用的知识。

2. 通俗性。立足农村法律服务人才的培养，力求运用通俗易懂、简明清晰的语言，结合简单而典型的案例阐释农村土地法律实务原理，尽量做到易学、易懂。

本书由刘建宏根据教学大纲拟定编写提纲，明确编写任务分工。全体编写人员按分工完成编写任务。陈凤贞统稿并初步审稿，最后由刘建宏审核和修改定稿。各章编写分工如下：

刘建宏：第一章、第五章；陈凤贞：第三章、第六章；杨遂生：第二章；李文胜：第四章；陈向怀：第七章。

在本书的编写过程中，编者参阅和借鉴了相关部门的文献资料与有关学者的研究成果，参考了司法实践部门的大量案例。在此谨向相关部门、学者表示诚挚的谢意。

由于编者水平有限，错误和缺陷在所难免，恳请读者和专家批评指正。

刘建宏

2017 年 9 月

目　录

第一章　农村土地法律实务概述

🕮 学习目标

通过本章的学习，你将能够：

1. 阐述农村土地法律制度的发展阶段和改革方向。
2. 描述现行的农村土地法律体系框架。
3. 概述农村土地基本法律制度。
4. 列举农村土地法律实务的基本要素。

🕮 案例导入

1981年，枫林桥大队（1983年改为村）将耕地包产到户，重新调整各户的自留地与自留山。当年年底，该大队红旗生产队的农民曾某、何某夫妇为了和儿子曾某军、曾某国分家，经报告生产队长同意，在自己的自留山麓建造两栋房子，每栋房子的占地面积大大超过红旗生产队其他家庭的宅基地面积。1996年，枫林桥村实行第二轮土地承包，将原属于曾某的承包地一分为三，分别和曾某、曾某军、曾某国三户签订土地承包合同。同时，原属于曾某的自留地和自留山也被一分为三，分别确定到三家的户头下。2007年，曾某国在县城购买一套三居室的商品房，全家到县城定居。曾某军负责三家的承包地、自留地和自留山的经营管理。2009年和2010年，曾某、何某相继去世。曾某军、曾某国商定，按照当地约定俗成的习惯，父母的房子、承包地、自留地和自留山由生活在农村的曾某军继承，进城定居的曾某国自愿放弃继承权。2015年，村里在进行土地确权登记核查时查明：曾某军在其父母去世后继续经营其父母的承包地、自留地和自留山，曾某军、曾某国的宅基地面积超过本省的宅基地面积标准两倍多，曾某国全家已经定居县城并转为非农业户口。曾氏兄弟强烈要求按实际耕种、管理和使用的情况，对他们的承包地、房屋与宅基地进行确权登记，村委会成员内部对此产生了分歧。于是，准备派两名持不同意见的村干部去法律服务所咨询。

〔来源：湖南电大法学（农村法律事务方向）专业建设调研组〕

以上案例中的土地承包和建房用地行为，发生在我国农村土地管理由政策调整逐步向法律调整过渡的阶段。处理这类问题，有明确的法律规定和政策要求。假如你是法律服务工作者，你认为曾氏兄弟的宅基地面积超过规定的标准应如何处理？曾某军继承父母的房子、承包地、自留地和自留山是否应当确权登记？曾某国进城定居后，农村的承包地和房地产是否应当确权登记？如果你不能回答以上问题，请学习本章的知识。

知识学习

第一节　农村土地法律制度的建立和发展

一、新中国在农村土地制度改革方面的艰难探索

千百年来，农村土地制度始终是中国社会的热点问题。新中国成立后，农村土地制度的改革经历了一个艰难的探索过程，在各个时期，农村土地权利分别体现出不同的法律特征。这一过程大体可以划分为以下几个阶段：

（一）土地改革（1949 年 9 月 ~1953 年春）

新中国一成立，就立即实行土地改革，建立农民土地私有制，实现了"耕者有其田"，解决了农民没有土地的问题。农民对无偿分到的土地享有所有权和全面的经营管理权。

（二）农业合作运动中的土地制度变革（1953 年 ~1957 年）

农村土地改革后，农民个体小农经济难以满足国民经济发展的需要，农村出现了新的两极分化和剥削现象。于是，国家把土地等主要生产资料由农民私有制逐步转变为集体所有制，由一家一户的个体经营转变为集体经营。从 1953 年到

1957 年，经历了互助组、初级社到高级社阶段。在互助组阶段，农户按照自愿互利原则，相互提供帮助，解决生产中的困难以增加收入，农民依然对土地享有所有权和经营权。初级社阶段，农民以土地入股，统一经营。到高级社阶段，农村土地的所有权和经营管理权属于农村集体经济组织。

（三）人民公社时期"三级所有、队为基础"的农村土地集体所有制的建立（1958 年 ~ 1978 年）

1958 年，高级农业合作社合并转为人民公社，实行同乡基层政权相结合的"政社合一"体制，原属于各农业合作社的土地和社员的一切土地都无偿收归人民公社三级所有，统一规划、统一生产、统一管理。1962 年 9 月，《农村人民公社工作条例修正草案》明确规定，人民公社的基本核算单位是生产队，实行"三级所有，队为基础"，保留农民自留地。农村集体经济组织享有农村土地所有权。人民公社体制脱离了农村实际，实行平均主义的"按劳分配"，挫伤了农民的生产积极性。

（四）"土地集体所有、家庭承包经营"的土地制度模式改革（1979 年 ~ 2002 年）

中国共产党十一届三中全会以后，我国全面实行家庭联产承包责任制，建立了新型农村土地制度。1983 年，中央决定撤销国家政权在农村的基层单位人民公社，建立乡（镇）政府；撤销作为村行政机构的生产大队，建立村民委员会；生产队改为村民小组。在农村土地所有权属于农村集体经济组织的前提下，农业经营形式转为家庭承包经营模式，国家承诺土地承包期 30 年不变。1986 年 6 月 25 日通过的《中华人民共和国土地管理法》（1988 年第一次修正、1998 年修订、2004 年第二次修正，以下简称《土地管理法》）以法律形式明确"农民的土地承包经营权受法律保护"。农民以承包经营的方式，依法取得了长期稳定的农村集体土地使用权。农村劳动生产力大大提高。

（五）农村土地集体所有权和农户承包经营权两权并行模式的确立（2003 年 ~ 2015 年）

随着《中华人民共和国农村土地承包法》（以下简称《农村土地承包法》）、《中华人民共和国物权法》（以下简称《物权法》）和《中华人民共和国农村土地承包经营纠纷调解仲裁法》(以下简称《农村土地承包经营纠纷调解仲裁法》)先后颁布实施,农村土地集体所有权和农户承包经营权相分离,两权并行,承包经营权由政策调整转变为法律调整、由债权变成独立存在的法定物权。农村土地制度改革终于走上法治轨道,为即将开展的农村土地制度进一步深化改革打下了良好基础。

二、现行的农村土地法律制度体系

随着农村土地制度改革不断深化,我国逐步建立了具有中国特色的农村土地法律制度体系,以法律调整农村土地权利义务关系。

对于中国现行的农村土地法律制度体系,可以从纵向和横向两个角度来考察与分析。

(一)纵向的农村土地法律体系

1. 全国人民代表大会常务委员会制定的土地法律。如《土地管理法》《农村土地承包法》《农村土地承包经营纠纷调解仲裁法》等。

2. 国务院颁布的土地行政法规。如《中华人民共和国土地管理法实施条例》(以下简称《土地管理法实施条例》)《基本农田保护条例》《不动产登记暂行条例》《土地复垦条例》《村庄和集镇规划建设管理条例》等。

3. 省、自治区、直辖市的人民代表大会及其常务委员会根据本行政区域的具体情况和实际需要,在不与宪法和基本法律、行政法规相抵触的前提下制定的地方性土地法规。如《河北省土地管理条例》《广东省基本农田保护区管理条例》《湖南省实施〈中华人民共和国土地管理法〉办法》等。

4. 国务院土地行政主管部门及其他各部(委)根据法律和国务院的行政法规、决定、命令制定的土地规章。如《土地利用总体规划管理办法》《节约集约利用土地规定》《土地登记办法》《农村土地承包经营权流转管理办法》《土地权属争议调查处理办法》《不动产登记暂行条例实施细则》《不动产登记操作规范(试行)》《建设用地审查报批管理办法》《土地复垦条例实施办法》等。

5. 由省、自治区、直辖市和较大的市人民政府,根据法律、行政法规和地方性法规制定的有关农村土地事务的规章。如四川省人民政府发布的《关于进一步加强土地出让管理的规定》、湖南省人民政府发布的《湖南省征地程序暂行规定》等。

（二）横向的农村土地法律体系

从横向来看，农村土地法律体系包括所有与调整农村土地关系有关的法律。除了专门或主要调整土地法律关系的法律以外，还有涉及一部分土地法律关系调整的法律，如《中华人民共和国城乡规划法》（以下简称《城乡规划法》）、《中华人民共和国测绘法》（以下简称《测绘法》）、《中华人民共和国铁路法》（以下简称《铁路法》）、《中华人民共和国森林法》（以下简称《森林法》）、《中华人民共和国水土保持法》（以下简称《水土保持法》）、《中华人民共和国农业法》（以下简称《农业法》）、《中华人民共和国草原法》（以下简称《草原法》）、《中华人民共和国渔业法》（以下简称《渔业法》）、《中华人民共和国矿产资源法》（以下简称《矿产资源法》）、《中华人民共和国水法》（以下简称《水法》）、《物权法》等。这些法律分别从不同的方面，规定了法律的调整对象与土地关系的协调问题。

三、农村土地制度新一轮改革的突破与创新

长期以来，我国实行绝对的城乡土地划分模式，损害了农村集体经济组织和农民的土地利益。为了增加农民土地的财产性收入，促进公平发展，我国在十八届三中全会以后，启动了农村土地制度的新一轮改革。

（一）中共中央作出推动农村土地制度新一轮改革的决策

1. 2013 年 11 月，中共十八届三中全会通过《中共中央关于全面深化改革若干重大问题的决定》（以下简称《深化改革决定》），推动了农村土地制度的新一轮改革：一是建立城乡统一的建设用地市场，保障农村集体经济组织和农民有机会公平分享土地增值收益。二是放活农民土地承包经营权的流转，把经营方式的选择权交给农民，推进农业产业化经营，发展多种形式规模经营。三是保障农民集体经济组织成员的权利，积极发展农民股份合作，赋予农民对集体资产股份占有、收益、有偿退出及抵押、担保、继承的权利，保障农户宅基地用益物权，给予农民更多更实际的财产权益。

2. 2014 年 11 月，中共中央办公厅、国务院办公厅印发《关于引导农村土地经营权有序流转发展农业适度规模经营的意见》，提出按照加快构建以农户家庭经营为基础、合作与联合为纽带、社会化服务为支撑的立体式复合型现代农业经营体系和走生产技术先进、经营规模适度、市场竞争力强、生态环境可持续的中国特色新型农业现代化道路的要求，以保障国家粮食安全、促进农业增效和农民增收为目标，坚持农村土地集体所有，实现所有权、承包权、经营权三权分置，引导土地经营权有序流转，坚持家庭经营的基础性地位，积极培育新型经营主体，发展多种形式的适度规模经营，巩固和完善农村基本经营制度。

3. 2015 年 1 月，中共中央办公厅、国务院办公厅联合印发《关于农村土地征收、集体经营性建设用地入市、宅基地制度改革试点工作的意见》，提出建集体经营性建设用地入市制度，赋予农村集体经营性建设用地出让、租赁、入股权能；完善土地征收制度，严格界定公共利益用地范围，规范土地征收程序；改革完善农村宅基地制度，探索进城落户农民在本集体经济组织内部自愿有偿退出或转让宅基地。这标志着，我国农村土地制度改革试点正式启动。

（二）全国人民代表大会常务委员会对国务院的授权，解决了改革与现行法律的冲突

1. 2015 年 2 月，全国人民代表大会常务委员会通过《关于授权国务院在北京市大兴区等三十三个试点县（市、区）行政区域暂时调整实施有关法律规定的决定》，北京市大兴区、天津市蓟县等 33 个试点县级行政区域，拟暂时调整实施《土地管理法》等关于集体建设用地使用权不得出让的规定；暂时调整实施《土地管理法》《中华人民共和国城市房地产管理法》关于农村土地征收、集体经营性建设用地入市、宅基地管理制度的有关规定。允许农村集体经营性建设用地入市，同时提高被征地农民分享土地增值收益的比例，对宅基地实行自愿有偿的退出、转让机制。

2. 2015 年 12 月，全国人民代表大会常务委员会通过《关于授权国务院在北京市大兴区等 232 个试点县（市、区）、天津市蓟县等 59 个试点县（市、区）行政区域分别暂时调整实施有关法律规定的决定》，暂时调整实施《物权法》《中华人民共和国担保法》（以下简称《担保法》）关于集体所有的耕地使用权不得抵押的规定；在天津市蓟县等 59 个试点县（市、区）行政区域暂时调整实施《物权法》《担保法》关于集体所有的宅基地使用权不得抵押的规定。

（三）国务院部署农村土地制度改革试点工作

1. 2015 年 8 月，国务院发布《关于开展农村承包土地的经营权和农民住房财产权抵押贷款试点的指导意见》（国发〔2015〕45 号），就进一步深化农村金融改革创新，加大对"三农"的金融支持力度，引导农村土地经营权有序流转，慎重稳妥推进农民住房财产权抵押、担保、转让试点，做好农村承包土地（指耕地）的经营权和农民住房财产权抵押贷款试点工作，提出系统的指导意见。试点涉及突破《物权法》第 184 条、《担保法》第 37 条等相关法律条款，由国务院按程序提请全国人大常委会授权，允许试点地区在试点期间暂停执行相关法律条款。2015 年 12 月获得了全国人大常委会授权。

2. 2016 年 10 月，中共中央办公厅、国务院办公厅印发《关于完善农村土地所有权承包权经营权分置办法的意见》（以下简称《"三权分置"意见》），启动农村土地"三权分置"工作。在原有集体土地所有权和农民家庭承包经营权两权分离基础上，将农民家庭承包经营权再分解为承包权和经营权，实行所有权、承包权、经营权三权并行。土地集体所有权人对集体土地依法享有占有、使用、收益和处分的权利。土地承包权人对承包土地依法享有占有、使用和收益的权利。承包农户享有使用、流转、抵押、退出承包地等各项权能。土地经营权人对流转土地依法享有在一定期限内占有、耕作并取得相应收益的权利。土地经营权主体再流转土地经营权或依法依规设定抵押，须经承包农户或其委托代理人书面同意，并向农民集体书面备案。

（四）国土资源部起草《土地管理法（修正案）》，并向社会公开征求意见

2017 年 5 月，国土资源部在总结中共中央、国务院专项部署的农村土地征收、集体经营性建设用地入市、宅基地管理制度改革试点成果以及多年来土地管理实践成效的基础上，对《土地管理法》进行了研究修改，形成了《中华人民共和国土地管理法（修正案）》（征求意见稿），于 2017 年 5 月 23 日至 6 月 23 日向社会公开征求意见。修正案征求意见稿对现行法中的 36 个条文作了修正，修正后仍为 8 章 86 条。征求意见期间，262 个单位和个人提出意见和建议 840 条，主要集中在公共利益界定、征地补偿、被征地农民多元保障、土地增值收益分配、法律责任等方面。社会各界对于修正案给予了较高评价，普遍认为，修正案

有利于进一步保障和维护农民土地财产权利，促进农村土地资源有效利用，促进城乡一体化发展，期盼尽快颁布实施。[1]

第二节　农村土地基本法律制度

农村土地法律实务中所指的农村土地，是和国有土地相对应的一个概念，是指所有权归农村集体经济组织的全部土地。这一概念与《农村土地承包法》所称"农村土地"不完全对应。《农村土地承包法》所称"农村土地"外延大于本书使用的"农村土地"概念，既包括农民集体所有的农业用地，也包括国家所有依法归农民集体使用的农业用地。

我国政府从基本国情和农村实际出发，对农村土地实行符合实际的管理模式，建立了中国特色的农村土地制度。我国农村土地制度主要包括以下几个方面：

一、农村土地利用规划

农村土地利用规划，是指在农村一定的区域内，根据经济社会可持续性发展的要求和当地自然、经济与社会条件，对土地的开发、利用、整治、保护在时间和空间上所做的统筹安排与综合部署。农村土地利用总体规划文件，是新农村建设和农村土地管理的纲领性文件，是实行严格土地管理制度和宏观调控的基本手段。

县级以上地方人民政府根据本地农村经济社会发展水平，按照因地制宜、切实可行的原则，确定应当制定乡规划、村庄规划的区域。在确定区域内的乡、村庄，应当依照《城乡规划法》《土地管理法》制定规划，规划区内的乡、村庄建设应当符合规划要求。县级以上地方人民政府鼓励、指导应当制定乡规划、村庄规划区域以外的乡、村庄制定和实施乡规划、村庄规划。

乡规划、村庄规划应当从农村实际出发，尊重村民意愿，体现地方和农村特

---

〔1〕　中华人民共和国国土资源部：关于《中华人民共和国土地管理法（修正案）》（征求意见稿）公开征求意见情况的公告，http://www.mlr.gov.cn/zwjk/jytz/201707/20170712_1525017.htm，2017 年 7 月 12 日访问。

色。乡规划、村庄规划的内容应当包括：规划区范围；住宅、道路、供水、排水、供电、垃圾收集、畜禽养殖场所等农村生产、生活服务设施、公益事业等各项建设的用地布局、建设要求；对耕地等自然资源和历史文化遗产保护、防灾减灾等的具体安排；本行政区域内的村庄发展布局。乡、镇人民政府组织编制乡规划、村庄规划，报上一级人民政府审批。村庄规划在报送审批前，应当经村民会议或者村民代表会议讨论同意。

二、农村土地用途管制

根据土地用途，农村土地分为农用地、建设用地和未利用地三类。国家实行农村土地用途管制制度，控制建设用地总量，对耕地实行特殊保护。

农用地，是指直接用于农业生产的土地。又分为耕地、园地、林地、牧草地和其他农用地。其他农用地包括自留地、自留山、畜禽饲养地、设施农业用地、农村道路、坑塘水面、养殖水面、农田水利用地、田坎及晒谷场等用地。农用地主要以本村集体经济组织内部的家庭承包经营的方式进行经营管理。耕地、自留地、自留山的经营管理都属于这种情形。不宜实行家庭承包经营的农用地，可以采用竞争性承包方式发包给本村和非本村的个人与组织承包经营。严格限制农用地转为建设用地。

建设用地，是指建造建筑物、构筑物的土地。按照使用的主体不同，又分为农村集体建设用地和宅基地，农村集体建设用地可再分为集体经营性建设用地和集体公共建设用地。农村建设用地使用权人有权利用该土地建造建筑物、构筑物及其附属设施。建设用地使用权涉及农用地的，必须办理农用地转用手续。

未利用地，是指农用地和建设用地以外的农村土地。主要包括水域、滩涂、沼泽、荒地、自然保留地、盐碱地、沼泽地、沙地、裸土地、裸岩等其他地类。国家鼓励单位和个人按照土地利用总体规划，在保护耕地和改善生态环境，防止水土流失和土地荒漠化的前提下，开发未利用的土地；适宜开发为农用地的，优先开发成农用地。国家依法保护开发者的合法权益。荒山、荒沟、荒丘、荒滩等农村土地，可以直接采取招标、拍卖、公开协商等方式实行承包经营，也可以将土地承包经营权折股份分给本集体经济组织成员后，再实行承包经营或者股份合作经营。以招标、拍卖方式承包的，承包费通过公开竞标、竞价确定；以公开协商方式承包的，承包费由双方议定。在同等条件下，本集体经济组织成员享有优先承包权。

三、农村土地权利登记

土地权利登记制度是地产物权制度的重要组成部分。登记的最主要功能是对地产物权的设立、变更或者消灭进行公示。农村土地登记以后，就能清楚地显示该土地各项权利有哪些具体的权能，权利主体分别是谁。

农村土地权利属于不动产权利，是指农村土地集体所有权和与其相联系并且相对独立的土地使用权、承包权、经营权等各种农村土地财产权利的总和。县级人民政府不动产登记机构办理农村土地登记。农村土地权利登记的具体项目包括：集体土地所有权；耕地、林地、草地等土地承包经营权；建设用地使用权；宅基地使用权；地役权；抵押权。农村土地权利以不动产单元为基本单位进行登记。不动产单元具有唯一编码。不动产登记机构按照国土资源部的规定设立统一的不动产登记簿，记载以下事项：土地的坐落、界址、面积、用途等自然状况；土地权利的主体、类型、内容、来源、期限、权利变化等权属状况；涉及土地权利限制、提示的事项；其他相关事项。

由于现行的农村土地法律制度是经过多年的改革与探索才逐步建立起来的，长期以来，我国农村土地管理以政策为依据，政策的变化比较频繁，导致农村土地权属管理上存在不少空白与漏洞。为了进一步深化农村土地制度改革，建设城乡统一的土地市场，自2011年以来，我国依照现行的土地管理法律、法规，对农村土地普遍开展了一轮确权与登记，确认和保障农民的土地物权。对农村土地所有权、使用权和他项权利的确认、确定，简称确权。确权，是指依照法律、政策的规定，确定某一范围内的农村土地（或称一宗地）的所有权、使用权的隶属关系和他项权利的内容。确权的主体为乡级或县级人民政府，土地管理部门作为职能部门，具体承办确权工作。在完成农村土地确权的基础上，统一办理土地权利登记，颁发证书。

四、农村土地权利的行使与限制

农民集体土地的所有权由农村集体经济组织享有和行使。农村集体经济组织依法对拥有的土地实行分类管理，分别以相应的方式实现所有权的各项权能。农民集体土地的使用权、承包权和经营权都是法定物权，在一定权能范围内具有相应的排他性。基于农用地和"四荒地"的承包、经营，产生农村土地承包权和经营权，与农村集体土地所有权形成"三权并行"的格局；通过农村集体建设用地、农户宅基地和自留地、自留山的使用，产生农村集体建设用地使用权、宅基地使用权和自留地、自留山使用权。各权利主体分别依法行使相应的权能，实现土地利益。

法律对于农村各类土地权利的主体资格和权利行使作了一定的限制：没有成立农村集体经济组织的，由村民委员会或村民小组行使农民集体土地的所有权；除国家依法征收外，任何组织和个人都无权改变农村集体土地的所有权性质；农村土地家庭承包权、宅基地使用权和自留地、自留山使用权的权利主体必须是相应地块所在的农村集体经济组织的成员；农村集体建设用地使用权的行使必须以符合农村土地利用总体规划、建设用地规划和土地利用年度计划为前提。

五、耕地种植补贴

我国鼓励农民耕种农村土地，生产粮食，努力避免耕地抛荒。为此，中央财政安排专项经费，按照种植粮食的土地面积给予补贴。补贴的项目有粮食直接补贴、良种补贴和农资综合补贴等。需要注意的是，政府只对正式承包经营的土地按种植面积给予补贴。在退耕土地、非耕地、未正式签订合同的私下流转土地、私自开垦的荒地和国家已经征用、等待开发的耕地上种植粮食，不能获得国家补贴。

第三节　农村土地法律实务的基本要素

农村土地法律实务，是指农村土地权利的取得、登记、经营、流转与征收活动中的法律事务和法律纠纷处理的过程。农村土地法律实务具有以下基本要素：

一、农村土地的权利主体

农村土地的权利主体，是指享有农村土地所有权、使用权（含承包权和经营权）的自然人、法人与其他组织。主要有以下三类：

（一）农村集体经济组织

农村集体经济组织，是指对农村土地享有所有权的集体经济组织，包括乡镇、村、组设立的合作经济组织、股份制经济组织和股份合作制经济组织等。根据《中华人民共和国民法总则》（以下简称《民法总则》）的规定，农村集体经济组织依法取得特别法人资格。农村集体经济组织是农村集体土地的所有权人和发包人。没有成立农村集体经济组织的村、组，由村民委员会、村民小组代为行使农民集体土地所有权。

（二）农户

农户，又称农民家庭，是指户口在某一个村的农户，可以享有农村土地承包权与经营权、宅基地使用权以及自留地、自留山使用权。

（三）农村经营性组织

农村经营性组织，是指以营利为目的的经营实体。包括农民专业合作社、农村合伙企业、农村个体工商户、农村有限责任公司、农村独资企业等。可以通过吸收股份、投资、竞标、竞拍、受让等方式取得农村土地承包权、经营权和集体经营性建设用地使用权。

二、农村土地权利的取得

农村土地权利的取得，是指农村土地权利主体通过一定的方式取得农村土地所有权、使用权（含承包权和经营权）的行为。具体分为以下几种情形：

（一）设立取得

农村集体土地所有权，在农村集体经济组织设立时取得。乡镇、村和组的集体经济组织在设立时，通过接管原来人民公社、大队和生产队的集体土地，取得相应的农村集体土地所有权。

（二）承包取得

通过承包，可以取得农村土承包经营权。农村土地承包方对其依法承包的土地享有依法经营、收益和经营权流转的权利。农村土地承包分为集体经济组织内部的家庭承包和竞争性承包两种方式。

（三）分配取得

农村的宅基地、自留地、自留山、自留草场等土地的使用权，根据农村集体经济组织的分配而取得。

（四）受让与吸收投资、入股取得

农村集体经营性建设用地和土地承包经营权可以通过受让与吸收投资、入股的方式取得。购买农村房屋，可同时取得该房屋的宅基地使用权。

（五）继承取得

农村集体经营性建设用地使用权和通过竞争性承包取得的农村土地承包权与经营权，可以通过继承方式取得。继承农村房屋，可同时取得该房屋的宅基地使用权。

三、农村土地使用权流转

农村土地使用权流转，是指农村土地使用权转移、互换、抵押、继承、退还等行为。农村土地使用权具有非常丰富的内容。在种类上，包括农用地的承包权、经营权，集体经营性建设用地使用权，自留地使用权、自留山使用权、宅基地使用权等。这些不同的农村土地使用权，有的可以流转，有的不能流转；有的可以在集体经济组织内部流转，有的可以进入土地市场流转。在处理农村土地使用权流转法律事务时，应分别遵循相应的法律规定。

四、农村土地征收

农村土地征收，是指为了公益目的，按照一定的程序，依法将农村集体所有的土地征收为国有土地的行为。农村土地一旦被征收，意味着土地的所有权性质被改变，由农民集体所有改为国家所有，原土地的所有者、承包者、经营者和使用者将失去土地权利。为保护其合法权益，必须依法进行安置和给予经济补偿。

五、农村土地法律纠纷的处理

农村土地法律纠纷处理，是指通过一定的途径和方式，解决农村土地法律纠纷的活动。农村土地法律纠纷，包括农村土地权属纠纷、流转纠纷、征地拆迁补偿与安置纠纷等。处理农村土地法律纠纷的途径有协商和解、人民调解、行政协调、农村土地纠纷仲裁和诉讼。不同类型的农村土地纠纷和不同性质的处理途径，应分别遵循不同的法律规定。

第四节　农村土地法律实务的基本原则

一、法治原则

农村土地法律实务离不开法律的具体适用。我国法律对农村土地的规划、耕地的保护、农用地的承包经营、建设用地的审批、宅基地的使用、土地使用权的流转等，分别作出了明确规定。农村土地权利的取得、行使、保护、流转，无论是实体上还是程序上，都必须遵循法律的规定。法律对于自留地与自留山没有作出明确的规定，在实践中应当执行相关政策，并且不得突破法律的底线。违背法律和政策规定的农村土地使用与交易行为，一律不受法律保护，并且由行为人承担相应的法律后果。

二、尊重历史原则

从 20 世纪 80 年代起，我国农村土地管理逐步由政策调整向法律调整转变。在这个过程中，我国农村土地法律制度一直处于变革之中。在不同的历史时期，国家对农村土地的政策与法律导向不同，导致农村土地使用、经营、交易、流转等行为产生的法律后果不同。因此，在办理农村土地的确权登记、处理农村土地权属纠纷等实务中，应当尊重历史。例如，《关于农村集体土地确权登记发证的若干意见》第 7 条规定，对于超面积的农村宅基地，应按照不同的历史阶段进行确权登记发证：1982 年《村镇建房用地管理条例》实施前，村民建房占用的宅基地，按现有实际使用面积进行确权登记；1982 年《村镇建房用地管理条例》实施起至 1987 年《土地管理法》实施时止，村民建房占用的宅基地超面积部分按当时有关规定处理后，可以按实际使用面积进行确权登记；1987 年《土地管理法》实施后，村民建房占用的宅基地，超过当地规定的面积标准的，按照实际批准面积进行确权登记。其超面积部分在土地登记簿和土地权利证书记事栏内注明，待以后分户建房或现有房屋拆迁、改建、翻建、政府依法实施规划重新建设时，按有关规定作出处理，并按照各地规定的面积标准重新进行确权登记。

三、维护稳定原则

农村土地法律实务一般会涉及土地使用权的确认、利益分配、权利交易或主体变更等事项，事关国家耕地保护政策的落实、农村集体经济组织的发展和农户切身利益的维护。因此，我国法律在相关问题上始终坚持维护稳定的原则。例如，关于土地承包的稳定，《农村土地承包法》第4条第1款规定："国家依法保护农村土地承包关系的长期稳定。"第26条规定："承包期内，发包方不得收回承包地。承包期内，承包方全家迁入小城镇落户的，应当按照承包方的意愿，保留其土地承包经营权或者允许其依法进行土地承包经营权流转。承包期内，承包方全家迁入设区的市，转为非农业户口的，应当将承包的耕地和草地交回发包方。承包方不交回的，发包方可以收回承包的耕地和草地。"又如，关于自留地、自留山的稳定，1962年的《农村人民公社工作条例》（修正草案）第40条规定，由生产大队或生产队划出耕地面积的5%~7%分配给社员家庭作为自留地，长期不变，用于开展家庭副业生产。至今在《宪法》《土地管理法》《物权法》等法律中，仍然还保留了自留地的规定。实际操作中，各地农村基本上保持不变，没有再重新分配、调整或取消自留地，以前分配到户的自留地使用权依法仍受国家法律的保护。可见，农村土地法律实务应坚持维护土地关系的稳定。农村承包地、自留地、自留山确定到各户以后，基本上就稳定下来了。即使家庭某个成员死亡，也会由其他成员继续经营，不会发生继承问题。只有当承包户迁入设区的城市，转为非农业户口或者家庭所有成员死亡，承包方在农村销户，才能将承包地、自留地、自留山收回到集体。再如，每个农户都有权从集体无偿获得永久的宅基地使用权，从而确保农民享有长期稳定不变的居住条件。

四、尊重善良风俗原则

农村土地法律实务大量涉及民事法律行为与民事活动。《民法总则》第8条规定："民事主体从事民事活动，不得违反法律，不得违背公序良俗。"第10条规定:"处理民事纠纷,应当依照法律;法律没有规定的,可以适用习惯,但是不得违背公序良俗。"从目前学理观点和司法实践来看,公序良俗,是指公共秩序和善良风俗。随着社会发展,其内涵可能发展变化,并且具有较强的地域性特征。在学理认识和司法实践中,公共秩序体现为宪法和法律的公共秩序和人们长期生活中形成的公共生活秩序;善良风俗包括一般意义的社会道德、良好习俗和较高层次的社会公德。在农村土地法律实务中,涉及宅基地的分配、调整,自留地、自留山划分,相邻权的维护,土地权利的继承等事务,应当尊重当地的良好习俗。不违背法律的村规民约确认的习俗,对村民具有约束力。

案例简析

导入案例是一起农村土地使用权确权纠纷案件。

本案争议的焦点:

1. 曾氏兄弟的宅基地面积超过规定的标准应如何处理。

2. 曾某军继承父母的承包地、自留地、自留山和房屋是否应当确权登记。

3. 曾某国进城定居后,农村土地承包权和房地产权是否应当确权登记。

本案例中的用地行为,发生在20世纪80年代。当时正处于我国农村土地管理由政策调整逐步向法律调整过渡的阶段。处理当时农村宅基地超面积问题,应当遵循法治原理和相关政策。

1. 对于超面积的农村宅基地,《关于农村集体土地确权登记发证的若干意见》第7条规定,1982年《村镇建房用地管理条例》实施前,村民建房占用的宅基地,按现有实际使用面积进行确权登记。曾氏兄弟的住宅建造于1981年,所占用的宅基地面积虽然超过标准,但可以按现有实际使用面积进行确权登记。

2. 根据《农村土地承包法》的规定,承包地、自留地、自留山的所有权属于集体经济组织,使用权具有严格的身份属性,不能继承。曾某军的父母死亡后,其承包地、自留地、自留山使用权不能登记到曾某军的户头。但是,根据《中华人民共和国继承法》(以下简称《继承法》)的规定,曾某军有权继承其父母的房产。应当按继承房地产后的实际情况进行确权登记。

3. 根据《农村土地承包法》第4条和第26条的规定,曾某国进入县城定居，并不影响他继续拥有农村土地承包权和自留地、自留山使用权。应当对他的农村土地承包权和房地产权进行确权登记。

作业练习

一、判断题

1. 何律师说，国务院土地行政主管部门及其他各部（委）根据法律和国务院的行政法规、决定、命令制定的土地规章，是土地法律制度体系的组成部分。（　）

2. 我国在原有集体土地所有权和农民家庭承包经营权两权分离的基础上，将农民家庭承包经营权再分解为承包权和经营权，实行三权并行。从此，丁大叔对承包的 1.5 亩耕地享有物权，可以将其经营权单独投资入股。（　）

3. 1962 年 9 月，中共中央明确规定人民公社的基本核算单位是生产队，实行"三级所有，队为基础"，保留农民自留地。五十多岁的李师傅来自农村，他说他在农村还有自留地，一直给父母种菜。（　）

4. 小河村的村庄规划在报送审批前，经村民委员会会议讨论通过，张榜公布，7 名村民提出召开村民会议讨论表决。村主任认为经过了会议讨论和表决，没有必要再开会。（　）

5. 农用地，是指直接用于农业生产的耕地。戴大哥承包的果园是林地，不是农用地。（　）

二、选择题

1. 村委会周主任说，法律将农村土地分为（　）三类。国家实行农村土地用途管制制度，控制建设用地总量，对耕地实行特殊保护。

A. 农用地、建设用地和耕地　　　B. 农用地、耕地和未利用地

C. 农用地、建设用地和未利用地　D. 耕地、建设用地和未利用地

2. 汤大爷去世后，家里留下房屋 6 间、承包地 1.6 亩、自留山果林一片、鱼塘一口。他的妻子和前妻生的两个儿子要求分配遗产。以上财产中，（　）的一半属于汤大爷遗产范围。

A. 房屋　　　　　　　　　　B. 承包地

C. 果林的果实　　　　　　　D. 鱼塘养的鱼

3. 我国中央财政安排专项经费，对正式承包经营的土地按种植粮食的土地面积给予补贴。对（　　）、未正式签订合同的私下流转的土地上种植粮食，不给予补贴。

A. 退耕土地   B. 非耕地

C. 私自开垦的荒地   D. 国家已经征用、等待开发的耕地

4. 张俊大学毕业后，准备成立公司，去农村承包一片尚未开发的荒地。从理论上来说，结合他的实际，他可以通过吸收股份、（　　）等方式取得该土地承包权和经营权。

A. 吸收投资   B. 竞标

C. 竞拍   D. 互换

5. 胡小南在本村的部分土地被征收以后，为了今后继续征收时能获得更多的补偿，他未经批准，在紧靠被征收土地的一片荒地上开垦出一块菜地，种上蔬菜。他的行为（　　）。

A. 属于私自开垦荒地行为   B. 触犯刑法

C. 不受法律保护   D. 扩大了自留地

第二章　农村土地承包和经营法律实务

通过本章的学习，你将能够：

1. 陈述农村土地承包的概念。

2. 概述农村土地承包与经营的基本法律制度。

3. 处理农业承包合同法律事务。

4. 处理农村土地承包与经营的法律事务。

🔊 案例导入

　　1997年12月，槐树湾村进行第二轮土地承包，村民戴某的家庭承包了6亩耕地，同时，通过竞价方式承包了槐树湾村第四村民小组14亩荒地，分别与村民小组签订了两份《土地承包合同》。承包荒地的《土地承包合同》约定，戴某利用荒地进行果园开发和农业生产，自主经营，期限为30年，戴某每年需交给村民小组1400斤稻谷。此后，戴某每年按约定如数交给村民小组稻谷，并先后累计投资5万余元，对所承包的土地进行了重新规范、整理，开发大片果园，造出一口鱼塘，用于灌溉和养鱼，他家承包的6亩耕地和附近3家农户的耕地一起接受灌溉。经过几年努力，戴某先富了起来。2014年，戴某将承包的耕地转包给贺某耕种，不收转包费，期限3年；将鱼塘租给贺某养鱼，年租金3000元，租期3年。2016年12月，戴某所在的槐树湾村和邻村合并，原村民四组和村民三组合并为新村民二组。新村民二组以戴某擅自在承包的空闲地上修建果园和转租鱼塘为由，认定戴某构成了违约，决定将戴某所承包的14亩土地强行收回，并且将其家庭承包的 1.2 亩耕地调整给新立户的周某一家。戴某到乡司法所咨询，请求乡司法所协调解决纠纷。

（来源：湖南省娄底市农业局经营科）

本案涉及农村土地承包合同的履行和承包地出租、转包及发包方收回、调整承包地等知识，假如你是乡司法所的工作人员，你认为上述案例中的承包合同是否有效？戴某建造山塘、开发果园和出租鱼塘是否构成违约？村委会是否有权收回戴某所承包的土地？如果你不能回答以上问题，请学习本章的知识。

🔊 知识学习

第一节　农村土地承包经营概述

一、农村土地承包经营立法概况

十一届三中全会以来，我国首先针对农用地的经营管理方式进行改革，通过农村土地承包经营，构筑了适应我国市场经济要求的农村经济体制框架，建立了以家庭承包经营为基础、统分结合的农业经营体制。在农村土地承包的框架下，农村土地由农民集体所有的性质没有变化。

2004 年第二次修正的《土地管理法》第 14 条第 1 款规定："农民集体所有的土地由本集体经济组织的成员承包经营，从事种植业、林业、畜牧业、渔业生产。土地承包经营期限为 30 年。发包方和承包方应当订立承包合同，约定双方的权利和义务。承包经营土地的农民有保护和按照承包合同约定的用途合理利用土地的义务。农民的土地承包经营权受法律保护。"

为了完善农村土地承包制度，巩固改革成果，我国于 2002 年 8 月 29 日通过《农村土地承包法》（2009 年修正），对农用地的家庭承包和竞争性承包（又称其他方式的承包）的承包关系主体、权利义务、承包期限、承包合同、承包经营权的流转等作出了明确规定。家庭承包，是指农村集体经济组织内部以家庭为单位，无偿承包集体土地的行为。这种承包方式具有社会保障功能，是农民基本生活来源的保障，承包方不需要支付任何费用。承包方是本集体经济组织的成员，承包的土地是以耕地为主的农用地，我国农村土地承包主要是这种方式的承包。竞争性承包，是指对不宜采取家庭承包方式的荒山、荒沟、荒丘、荒滩（以下简称"四荒地"）等农村土地，通过招标、拍卖、公开协商等方式进行承包的行为。这种方式的承包具有经营性功能，承包方需要支付一定的承包费用。承包方可以是本集体经济组织的成员，也可以是其他任何组织或个人。

2007年3月，全国人民代表大会通过的《物权法》"用益物权"篇，以专门的一章（第十一章），共11条（第124条～第134条），对农村土地承包经营权的属性、权能、承包期限、承包经营权设立、承包地的流转等作出了规定，明确农村土地承包经营权为用益物权，规定土地承包经营权自土地承包经营权合同生效时设立。承包期内发包人不得调整承包地、不得收回承包地。

2015年，农业部、财政部、国土资源部等联合发出《关于认真做好农村土地承包经营权确权登记颁证工作的意见》，提出"坚持稳定土地承包关系"，"严格执行《物权法》《农村土地承包法》《土地管理法》等法律法规和政策规定"，"完善土地承包合同，作为承包户取得土地承包经营权的法定依据。对没有签订土地承包合同的，要重新签订承包合同；对承包合同丢失、残缺的，进行补签、完善。实际承包面积与原土地承包合同、权属证书记载面积不一致的，要根据本集体通过的土地承包经营权确权登记颁证方案进行确权。"

随着农村各种新型经营主体（如专业合作社、家庭农场、农业产业化龙头企业等）大量涌现，土地流转和规模经营速度加快，农业生产的经营方式已经发生变化，中央作出了关于完善农村土地承包制度的决策。2016年10月，中共中央办公厅、国务院办公厅印发《"三权分置"意见》，农村土地实行"三权分置"，突破了《土地管理法》和《农村土地承包法》的有关规定，在原有集体土地所有权和农民家庭承包经营权两权分离的基础上，将农民家庭承包经营权再分解为承包权和经营权，实行所有权、承包权、经营权三权并行。农村土地承包权和土地经营权属于土地使用权的范畴。土地使用权是规范的法律用语。由于我国法律给农村土地赋予了多层面的权利内容，同一块农用地可能同时存在"三权"，即土地集体所有权、农户承包权和土地经营权。农村土地所有权属于农民集体，土地集体所有权人对集体土地依法享有占有、使用、收益和处分的权利。实行承包以后，产生土地承包权和土地经营权。为了把政策转化为法律规范，使农村土地承包制度与农业生产经营方式相适应，我国立法机构目前正在进行《农村土地承包法》的修改工作，对于这两种权利的取得、内容、流转等分别作出规定。在实际操作中，如何妥善处理好"三权"之间的关系，还需要进一步探索。

二、农村土地承包关系主体

（一）农村土地承包关系中的发包方

根据《土地承包法》第 12 条的规定，农民集体所有的土地依法属于村农民集体所有的，由村集体经济组织或者村民委员会发包；已经分别属于村内两个以上农村集体经济组织的农民集体所有的，由村内各该农村集体经济组织或者村民小组发包。

（二）农村土地承包关系中的承包方

根据《土地承包法》第 15 条的规定，农村土地承包关系中，主要的承包方是农村集体经济组织内部的农户。农户是家庭承包的承包方，又可以作为不宜采取家庭承包的"四荒地"竞争性承包的承包方。此外，根据《土地承包法》第 44 条和 48 条的规定，任何从事农业经营的法人、组织和个人，也可以通过招标、拍卖、公开协商等竞争方式成为"四荒地"的承包方。

三、发包方的权利与义务

（一）发包方应当享有的权利

1. 发包本集体所有的或者国家所有依法由本集体使用的农村土地，这是发包方的发包权，是享有其他权利的前提。

2. 监督承包方依照承包合同约定的用途合理利用和保护土地。

3. 制止承包方损害承包土地和农业资源的行为。

4. 法律、行政法规规定的其他权利。

（二）发包方应当承担的义务

1. 维护承包方的土地承包经营权，不得非法变更、解除承包合同。

2. 尊重承包方的生产经营自主权，不得干涉承包方依法进行正常的生产经营活动。

3. 依照承包合同约定为承包方提供生产、技术、信息服务。

4. 执行县、乡（镇）土地利用总体规划，组织本集体经济组织内的农业基础设施建设。

5. 法律、行政法规规定的其他义务。

四、承包方的权利与义务

（一）家庭承包的承包方享有的权利

1. 依法享有承包地的使用、收益和土地承包经营流转的权利，有权利自主组织生产经营和处置产品。

2. 承包地被依法征用、占用的，有权依法获得相应的补偿。

3. 法律、行政法规规定的其他权利。

（二）家庭承包的承包方承担的义务

1. 维持土地的农业用途，不得用于非农建设。

2. 依法保护和合理利用土地，不得给土地造成永久性损害。

3. 法律、行政法规规定的其他义务。

（三）竞争性承包的承包方享有的权利与承担的义务

通过竞争性承包方式，成为"四荒地"的承包方的，当事人的权利和义务，由双方协商确定。

五、农村土地承包的期限

1. 耕地的承包期限为 30 年。

2. 草地的承包期限为 30 年 ~ 50 年。

3. 林地的承包期限为 30 年 ~ 70 年。

特殊林木林地承包期，经国务院林业行政主管部门批准可以延长。

家庭承包的期限必须遵守以上法定期限。在承包期内，除法律规定的特殊情形之外，发包方无权收回土地。

竞争性承包的期限由发包方与承包方协商确定。

六、农村土地承包权

以家庭承包方式取得的土地承包经营权在土地流转中分为土地承包权和土地经营权。农村土地承包权，是指农村集体经济组织成员依法享有的承包土地的权利。

（一）以家庭承包方式取得的农村土地承包权的特点

1. 这种承包权具有社会保障功能，是保障农民基本生活的一项法定权利。农村集体经济组织的每个人，不论男女老少，都平均享有承包本集体经济组织土地的权利。除非他自己放弃这个权利，任何组织和个人都无权剥夺他们的承包权。

2. 以户为生产经营单位承包，也就是以一个农户家庭的全体成员作为承包方，与所在的农村集体经济组织或者村民委员会订立一个土地承包合同，享有合同中约定的权利，承担合同中约定的义务。承包户家庭中的成员死亡，只要这个承包户还有其他人在，承包关系仍不变，由这个承包户中的其他成员继续承包。

3. 承包的农村土地主要是耕地、林地和草地，还包括本集体经济组织的成员应当人人有份的可以实行家庭承包的其他农村土地。

4.《农村土地承包法》对以家庭承包方式取得的农村土地承包权主体、期限、权利与义务内容等作出了明确规定，发包方与承包方基本上没有自由选择与协商的空间，由发包方与承包方按照法律的明确规定在承包合同中予以约定。

（二）以竞争性承包取得的农村土地承包权的特点

1. 承包方与发包方的权利义务、承包期限、承包费等事宜，法律未作出具体的规定，由发包方与承包方按照市场规则，平等协商，以承包合同予以约定。

2. 通过招标、拍卖、公开协商等方式承包农村土地，经依法登记取得土地承包经营权证等证书的，其土地承包经营权可以依法采取转让、出租、入股、抵押或者其他方式流转。

3. 在继承问题上，承包人死亡，其应得的承包收益，依照《继承法》的规定继承，在承包期内，其继承人可以继续承包。

（三）农村土地承包权的权能

《物权法》第117条规定："用益物权人对他人所有的不动产或者动产，依法享有占有、使用和收益的权利。"结合《农村土地承包法》的有关规定，可以归纳出农村土地承包权具有的权能：

1. 经营自主权，也称经营决策权，是指承包方在生产经营过程中，自行决定干什么，干多少，怎样干的权利。承包方获得经营自主权，就成为独立的商品生产经营者，就会关心生产、销售情况，收益与经营效果挂钩。但是，经营自主权应该在法律、行政法规允许的范围内行使，不能利用经营自主权进行非法经营，否则，要承担相应的法律后果。

2. 收益权，是指通过在承包地上进行自主经营活动后，占有经营所得利益的权利。例如，村民在承包地上种植了果树或者农作物，产生的水果和农作物收益就应该全部归承包方拥有。

3. 收益的处分权，是指承包方可以对自己经营的收益自行予以处理，可以留给自己或者送给别人，也可以作为商品出售。

4. 流转权，是指承包方在法律允许的条件下，可以采取转让、转包、互换、出租、抵押等方式，将其拥有的土地承包权和经营权流转给第三人，由第三人行使土地承包权和经营权。

七、农村土地经营权

农村土地经营权，是指土地经营权人在一定期限内占用承包地、自主组织生产耕作和处置产品，取得相应收益的权利。随着工业化、城镇化的深入推进，大量农业人口转移到城镇，农村土地流转规模不断扩大，农村新型经营主体大量涌现，土地承包权主体和经营权主体分离的现象越来越普遍。

（一）农村土地经营权被正式确立为一种独立物权

2016 年 10 月，《"三权分置"意见》提出，逐步建立规范高效的"三权"运行机制，不断健全归属清晰、权能完整、流转顺畅、保护严格的农村土地产权制度，为发展现代农业、增加农民收入、建设社会主义新农村提供坚实保障。实行所有权、承包权、经营权分置并行，意味着农村土地经营权被正式确立为一种独立物权。单独赋予经营主体有保障的土地经营权，是完善农村基本经营制度的关键。这是继家庭联产承包责任制后，农村改革的又一重大制度创新，体现了我国完善农村土地管理制度的智慧和坚持农村土地集体所有制的决心。我国现行

《土地管理法》和《农村土地承包法》中，并没有规定独立的土地经营权。在落实"三权分置"、完善法律法规的过程中，已经开展土地经营权抵押贷款、土地经营权入股农业产业化经营等试点。目前正在修订《农村土地承包法》，依法明确土地经营权，对土地经营权的流转和抵押担保加以法律上的保护，按照市场化原则建立农村土地经营权制度。

（二）国家关于放活农村土地经营权的政策

1. 加快放活土地经营权，国家加强对土地经营权的保护，引导土地经营权流向种田能手和新型经营主体。

2. 支持新型经营主体提升地力、改善农业生产条件、依法依规开展土地经营权抵押融资。

3. 鼓励采用土地股份合作、土地托管、代耕代种等多种经营方式，探索更多放活土地经营权的有效途径。

（三）农村土地经营权的权能

农村土地经营权是从农村土地承包经营权分离出来的一项独立权利。农村土地的承包方可以将其承包土地的经营权流转出去，将土地交给其他组织或者个人经营，其他组织或者个人由此取得土地经营权。农村土地经营权主体享有以下权能：

1. 占有、耕作和收益权。在一定期限内，对经营的土地依法享有占有、耕作并取得相应收益的权利。国家在依法保护集体所有权和农户承包权的前提下，平等保护经营主体依流转合同取得的土地经营权，保障其有稳定的经营预期。

2. 改良土壤、建设农业设施权。经承包方同意，可在原土地承包合同允许的范围内，依法依规改良土壤、提升地力，建设农业生产、附属、配套设施，并依照流转合同的约定获得合理补偿。

3. 抵押权。国家正在试点，允许以农村土地经营权抵押担保贷款，解决农业生产经营资金不足的问题。

4. 优先继续经营权。有权在土地经营权流转合同到期后，按照同等条件优先取得承包地的经营权。

5. 经营不受妨碍权。经营权人行使合法的经营权利，承包方不得妨碍。

（四）农村土地经营权与承包权的关系

1. 本集体经济组织成员的农民家庭承包农村集体土地，不论经营权如何流转，家庭承包权都属于农民家庭。任何情形下，都不能非法剥夺和限制农户的土地承包权。

2. 受让方将承包方以转包、出租方式流转的土地实行再流转，应当取得原承包方的同意。依法依规设定抵押，须经承包方或其委托代理人书面同意，并向农民集体书面备案。

3. 对于竞争性承包取得的农村土地承包权，其经营权的再流转由经营权流转合同约定。

第二节　农村土地承包权和经营权的取得

农户和其他从事农业生产经营的组织、个人通过一定的方式可以取得农村土地承包权和经营权。

一、农村土地家庭承包权的取得

（一）家庭承包的原则

1. 按照规定统一组织承包时，本集体经济组织成员依法平等地行使承包土地的权利，也可以自愿放弃承包土地的权利。

2. 民主协商，公平合理。

3. 承包方案应当按照《农村土地承包法》第18条的规定，依法经本集体经济组织成员的村民会议2/3以上成员或者2/3以上村民代表的同意。

4. 承包程序合法。

（二）家庭承包的程序

1. 本集体经济组织成员的村民会议选举产生承包工作小组。

2. 承包工作小组依照法律、法规的规定拟订并公布承包方案。

3. 依法召开本集体经济组织成员的村民会议，讨论通过承包方案。

4. 公开组织实施承包方案。

5. 签订承包合同。

（三）家庭承包权的取得与确认

承包合同自成立之日起生效。承包方自承包合同生效时取得土地承包经营权。

县级以上地方人民政府应当向承包方颁发土地承包经营权证或者林权证等证书，并登记造册，确认土地承包经营权。

二、农村土地竞争性承包权的取得

（一）竞争性承包的原则

竞争性承包坚持农村土地承包的一般原则，即公开、公平、公正，正确处理国家、集体、个人三者的利益关系。

在同等条件下，本集体经济组织成员享有优先承包权。

（二）竞争性承包的程序

1. 本集体经济组织成员的村民会议选举产生承包工作小组。

2. 承包工作小组依照法律、法规的规定拟订并公布不宜实行家庭承包的"四荒地"承包方案。

3. 依法召开本集体经济组织成员的村民会议，讨论通过不宜实行家庭承包的"四荒地"承包方案。

4. 公开组织实施不宜实行家庭承包的"四荒地"承包方案，开展招标、拍卖、公开协商，或将土地承包权折股分给本集体经济组织成员。

5. 根据竞争结果或折股分配方案签订承包合同。

（三）竞争性承包权的取得与确认

1. 通过投标、竞拍、公开协商等方式取得农村土地的竞争性承包权的，应当签订土地承包合同，约定发包方与承包方的权利义务。

2. 土地承包合同生效后，承包方填写农村土地承包权和经营权证登记申请书，报承包土地所在乡（镇）人民政府农村经营管理部门。

3. 乡（镇）人民政府农村经营管理部门对发包方和承包方的资格、发包程序、承包期限、承包地用途等予以初审，并在农村土地承包权和经营权证登记申请书上签署初审意见。

4. 承包方持乡（镇）人民政府初审通过的农村土地承包权和经营权登记申请书，向县级以上地方人民政府申请农村土地承包权和经营权证登记。

5. 县级以上地方人民政府农业行政主管部门对登记申请予以审核。申请材料符合规定的，编制农村土地承包权和经营权证登记簿，报请同级人民政府颁发农村土地承包权和经营权证；申请材料不符合规定的，书面通知申请人补正。

三、农村土地承包合同

（一）以家庭承包方式和竞争性承包方式取得承包权，都应当签订书面的土地承包合同

农村土地承包合同应当依法、自愿签订。一般包括以下条款：

1. 发包方、承包方的名称，发包方负责人和承包方代表的姓名、住所。发包方一般是集体经济组织，签订合同时应当有作为发包人的该集体经济组织的公章，并由集体经济组织负责人签字。承包方是农户的，签订合同时应当由户主作为代表签字，并在合同中表明承包方的住所。

2. 承包土地的基本属性。一般指承包的耕地、山林、荒山、荒滩、水面、山岭、草原、鱼塘等农业基本生产资料。应当写清楚土地的具体位置、坐落、四至或者其他表明土地范围的界线标志。按照《土地管理法》的规定，我国对土地实行分等定级制度，因此，在承包合同中应当写清楚承包土地的质量等级。

3. 承包期限和起止日期。该项是承包方权利的具体行使期间，应当写清楚具体的时间界限，起止日期应当精确到年、月、日，不能写约数。

4. 承包土地的用途。按照我国《农村土地承包法》的规定，不同主体所能承包的土地的类别是不一样的，这是土地承包合同的重要内容，理应在合同中写清。按照我国《土地管理法》的规定，我国实行土地用途管制制度，合同中应当写清发包土地的用途，以便发包人通过合同监督承包方是否履行了合同所规定的义务。

5. 发包方与承包方的权利义务。《农村土地承包法》第13条、第14条、第16条、第17条规定了土地发包方和承包方的权利义务。这些规定是农村土地承包合同的必要内容，无须当事人协商即具有法律约束力。此外，双方还可以在法律规定的范围内，协商确定当事人认为需要明确的内容。

6. 违约责任。当事人一方不履行合同义务或者履行义务不符合约定的，构成违约，应当依照《合同法》的规定承担违约责任。

（二）农村土地承包合同的履行和变更

农村土地承包合同订立以后，发包方和承包方都应当按照合同约定履行。任何一方都不得单方面变更和终止合同。涉及国家法律和政策的问题，必须执行法律和政策，发包方和承包方不能以补充合同等方式处理。根据实际需要变更合同内容的，如果属于法律允许的情形，可以由双方协商进行变更；如果增加或减少承包人所承包的土地，则必须按法律规定的程序，经村民会议 2/3 以上多数人员同意后才能实施。

（三）农村土地承包合同解除

根据法律的规定，有下列情况之一的，可以解除农村土地承包合同：

1. 期限届满。我国法律针对不同的土地用途规定了不同的承包的最长期限，因此，承包期限届满，承包合同自然应当解除，由发包方收回土地。

2. 土地灭失。土地承包合同的订立和履行应当以土地的存在为前提，土地是土地承包合同法律关系的客体，如果客体不存在，则法律关系当然消灭。因此，土地灭失是土地承包合同消灭的原因。

3. 承包方自愿交回土地。农村土地承包法的最主要的立法宗旨是保护承包方的土地承包权不受非法侵犯，因此立法重点从各个不同方面规范发包人以及其他组织的行为，以达到保护承包方的合法权益的目的。对于承包方一方则赋予了较大的权利行使空间。虽然法律有关于承包期限的规定，但是这种期限对于发包人而言，具有法律拘束力。而承包方则可以在承包期届满之前，自愿交回所承包的土地。

4. 承包方全家迁入设区的市，转为非农业户口。承包方因为迁入城市会导致合同解除。

5. 国家征收。我国《宪法》规定，为了公共利益的需要，可以依法对集体所有的土地征收。征收当然不排除已经承包的土地。如果涉及承包的土地的，则承包合同因为国家征收而解除。

四、农村土地经营权的取得

农村土地经营权是农村土地"三权"中最活跃的一种权利。实施"三权分置"的重要目的，就是更好地用活土地经营权，实现土地资源的优化配置，促进规模经营和现代农业发展。

（一）取得农村土地经营权的限制

1. 不改变土地集体所有的性质，土地经营权的取得和行使，必须接受农村集体经济组织和承包方的监督。

2. 土地经营权权能的设置，以不改变农户家庭承包地位为前提，不损害农户承包权益。

3. 土地经营期限不得超过土地承包期限。

（二）农村土地经营权取得的主要方式

1. 承包取得，是指承包人与发包人通过订立承包经营合同，在取得承包权的同时取得经营权。家庭承包与竞争性承包合同都自成立之日起生效，承包方于合同生效时取得土地承包权，同时取得土地经营权。

2. 流转取得。经营主体通过与土地承包方签订转包、出租、互换、转让土地经营权合同，依法从承包人手中取经营权，取得的经营权期限不得超过承包期的剩余期限。

3. 接受投资取得。经营主体可以通过接受投资或者吸收土地承包方土地入股的形式取得土地经营权。一般情况下，农村集体经营性建设用地和土地经营权可以通过接受投资方式取得。

4. 继承取得。在某些特定情况下，如对于集体经营性建设用地、林地的经营权，可通过继承的方式取得。

第三节　农村土地承包权和经营权的确权登记

一、农村土地承包权和经营权确权登记的意义

开展农村土地承包经营以来，各地在实践中对于承包权与经营权的确权与登

记做法不一。为了适应农村土地制度改革进一步深化的需要，2011年起，国家明确由专门的机构统一开展农村土地承包权和经营权确权登记工作。这项工作具有很强的现实意义：

1. 农村土地承包权和经营权确权登记，是国家明确土地承包权和经营权归属、保持现有土地承包关系稳定并长久不变的基本手段。

2. 农村土地承包权和经营权确权登记是农村土地流转的基础准备工作，是在国家法律法规允许下进行土地流转的前提条件。

3. 农村土地承包权和经营权确权登记不仅可以公示承包权和经营权的产生或者设立，而且有助于解决物权冲突，为调处土地纠纷、完善补贴政策、进行征地补偿和抵押担保提供重要依据。

4. 通过落实承包地块、面积、合同、证书"四到户"，有利于妥善解决农户承包地块面积不准、四至不清等问题。

5. 通过建立健全土地承包权和经营权登记簿，可以较好地实现农村土地承包权和经营权物权化管理。

二、农村土地承包权和经营权确权登记的原则

（一）稳定土地承包关系

开展土地承包权和经营权确权登记颁证，是对现有土地承包关系的进一步完善，以现有承包台账、合同、证书为依据确认承包地归属。不是推倒重来、打乱重分，不能借机调整或收回农户承包地。对个别村部分群众要求调地的，按照法律法规和政策规定，慎重把握、妥善处理。对于确因自然灾害毁损等原因，需要个别调整的，应当按照法定条件和程序调整后再予确权。

（二）以确权确地为主

土地承包权和经营权确权，坚持确权确地为主，总体上确地到户，从严掌握确权确股不确地的范围，坚持农地农用。对农村土地已经承包到户的，都确权到户到地。实行确权确股不确地的条件和程序，由省级人民政府有关部门作出规定，切实保障农民土地承包权益。不得违背农民意愿，行政推动确权确股不确地，也不得简单地以少数服从多数的名义，强迫不愿确股的农民确股。

（三）依法依规有序操作

按照物权法定精神，严格执行《物权法》《农村土地承包法》《土地管理法》等法律法规和政策规定，按照农业部制发的相关规范和标准，开展土地承包权和经营权调查，完善承包合同，建立登记簿，颁发权属证书，确保登记成果完整、真实、准确。对确权登记颁证中的争议，有法律政策规定的，依法依政策进行调处。对于一些疑难问题，在不违背法律政策精神的前提下，通过民主协商妥善处理。权属争议未解决的，不进行土地承包权和经营权确权登记颁证。加强土地承包权和经营权确权登记颁证成果的保密管理，保护土地承包权利人的隐私。

（四）以农民群众为主体

农民群众主动参与、积极配合是搞好土地承包权和经营权确权登记颁证的关键。必须做深入细致的宣传、动员和解释工作，让农民充分了解确权登记颁证工作的目的、意义、作用和程序要求，充分发挥农民群众的主体作用，村组集体的土地承包权和经营权确权登记颁证方案要在本集体成员内部充分讨论，达成一致，切实做到农民的事让农民自己做主。承包地块面积、四至等表格材料必须经过农户签字认可。对于外出不在家的农户，要采取多种方式及时通知到户到人，充分保障其知情权、选择权、决策权。

（五）进度服从质量

土地承包权和经营权确权登记颁证是长久大计，不能怕麻烦、图省事，必须做细做实，确保质量。各地根据实际，统筹安排资源，科学把握进度，分期分批，积极稳妥推进。

（六）地方分级负责

按照中央要求，地方各级对本行政区域内的土地承包权和经营权确权登记颁证工作全面负责。强化属地管理，层层落实责任。省级主要承担组织领导责任；地市级主要承担组织协调责任；县乡两级主要承担组织实施责任，是开展土地承包权和经营权确权登记颁证工作的关键主体。

三、农村土地承包权和经营权确权登记的内容

1. 农村土地承包权和经营权人姓名（名称）及基本情况（性别、出生年月）。

2. 农村土地承包权和经营权证名称和编号。

3. 承包经营期限和起止日期。

4. 农村土地承包权和经营权变动情况。

5. 核发农村土地承包权和经营权证的机关及日期。

6. 其他应当注明的事项。

四、农村土地承包权和经营权确权登记的程序

（一）宣传发动

把确权登记的重大意义、政策规定、遵循原则等，通过"致农民朋友一封信"、编印操作手册，召开乡、村、组干部动员会和农民群众座谈会等形式，进行深入广泛的宣传，将基层干部群众的思想广泛发动起来，调动他们主动参与的积极性。

（二）清查核实

将历史资料、地块现状、群众反映、争议纠纷等有关资料、情况一一摸清查实，切实做到资料全、数据真、情况准，为开展确权登记奠定扎实基础。

（三）调绘勘测

以专业测绘人员为主、组织农民代表参与，依据二轮承包合同及权属证书等资料，对农村承包土地进行调绘勘测，力求精、准、实。

（四）张榜公示

将清查的历史资料、调绘勘测初步结果在村民集中活动场所，用通俗易懂的方式向全体村民公示。公示结果无异议的，要由农户签字认可。有异议的，重新核查"清查核实""调绘勘测"两个步骤，将结果再次张榜公示，直至绝大部分农户签字认可。对极少数仍存异议的，暂缓确权登记。

（五）登记颁证

经公示无异议的农户承包土地，按规定程序予以登记颁证，并将结果再次公示，确认无异议后向承包农户发放权属证书。

（六）归档管理

将本次各阶段相关资料按纸质和电子两类分门别类、归集整理、科学建档，

由县级以上主管部门和档案管理部门分别妥善保存，并按要求为今后查阅打好基础。

五、农村土地承包权和经营权确权登记的特殊情形处理

1. 对土地二轮承包合同以外新增加的地块，如果已经依法按家庭承包原则由本集体经济组织成员承包，由本集体经济组织成员会议或成员代表会议讨论决定是否进行确权登记。二轮承包时及承包之后，村组干部和分田代表等人员留给自己的未签订家庭承包合同的地块，不能登记为该户的家庭承包地，应作为集体机动地处理。

2. 承包地全部被国家征收的，应进行注销登记，被国家部分征收的，应从承包土地地块和面积中减除，并进行变更登记，未被征收部分则据实测量确权登记颁证。

3. 对于承包地块、面积、边界及承包权和经营权存在争议和纠纷的，由农村集体土地承包权和经营权确权登记颁证工作实施小组根据实际情况提出处理意见协调解决，协调解决不成的可通过仲裁、诉讼等法定程序依法解决，纠纷解决后再进行登记。承包纠纷一时难以解决的，可以暂缓登记。

4. 全家迁入城镇居住且户口仍在农村的，仍然是该集体经济组织内部的家庭承包户，应当如实进行承包地确权登记颁证。

5. 农户流转的家庭承包土地，区分不同情况进行确权登记。

（1）农户以互换的方式流转承包地的。流转双方有书面流转协议的，按照协议据实确权登记颁证；没有书面协议的，由双方达成协议、向村集体备案并签订流转合同后，再依据合同确权登记颁证；互换有争议的，待争议解决后再确权登记颁证。

（2）农户以转让方式流转承包地的，未经原承包方书面申请和发包方书面认可的，仍按原承包农户确权登记颁证。经原承包方书面申请和发包方书面认可的，按照流转协议据实测量土地并确权登记颁证。

（3）以转包、出租、入股等方式流转承包地的，按原承包农户确权登记颁证。

第四节　农村土地承包权和经营权流转

农村土地承包权和经营权流转，是指拥有土地承包权和经营权的农户或农业经济组织，将土地承包经营权和土地经营权转让给其他农户或农业经济组织的行为。在法律性质上，是土地使用权的流转。

一、农村土地承包权和经营权流转的交易品种

（一）土地承包权

土地承包权流转，并不是处分土地的所有权，而是在不改变土地的所有权性质和土地的农业用途前提下进行的，因此，受到以下限制：

1. 转让土地承包权需要发包方同意。

2. 只能转让给从事农业生产经营的农户。

3. 原承包方与发包方的土地承包关系终止，受让方需与发包方签订新的承包合同。

（二）土地经营权

土地经营权流转的交易品种有以下几种：

1. 家庭承包方式取得的土地经营权。

2. 其他承包方式取得的土地经营权。

3. 集体经济组织未发包的土地经营权。

4. 其他依法可流转交易的土地经营权。

二、农村土地承包权和经营权流转的条件

1. 权属清晰无争议。

2. 交易双方必须是具有完全民事权利能力和民事行为能力的自然人、法人或其他组织，且有流转交易的真实意愿。

3. 流出方必须是产权权利人，或者受产权权利人委托的组织或个人。

4. 流转交易符合法律法规和环境保护规划、农业产业发展规划、土地利用总体规划和城乡一体化建设规划等政策规定。

三、农村土地承包权和经营权流转应当遵循的原则

（一）平等协商、自愿有偿

平等，是指土地承包权和经营权流转的双方当事人的法律地位平等。自愿，是指土地承包权和经营权的流转必须出于双方当事人完全自愿，流转方不得强迫受流转方必须接受土地承包权和经营权流转，受流转方也不能强迫流转方必须将土地承包权和经营权流转。有偿，是指土地承包权和经营权的流转是等价有偿的，应当体现公平原则。有偿原则并不排斥土地承包权和经营权在某些时候的无偿流转。土地承包权和经营权的具体事宜应当由双方当事人协商，任何组织和个人不得强迫或者阻碍土地承包权和经营权流转。

（二）不得改变土地所有权的性质和土地的农业用途

任何流转，都不得改变土地的集体所有权的性质，也不得超越原承包权和经营权限定的土地农业用途范围。承包权和经营权流转后，新的承包方和经营者确需改变土地用途的，必须按照土地规划和土地管理的法律法规办理报批手续。没有获得政府批准以前，不得改变土地的农业用途。

（三）流转的期限不得超过承包期和经营期的剩余期限

流转方原承包和经营的土地是有期限的，在进行土地流转时，流转期限不得超过原土地承包权和经营权的剩余年限。超过部分无效。

（四）受让方须有农业生产经营能力

这是对受流转方主体资格的要求。农村土地承包经营是对农用地的承包经营。如果受流转方不能从事农业生产，就不能承受农村土地承包权和经营权的流转。

（五）本集体经济组织成员在同等条件下享有优先权

农村土地承包权和经营权流转时，无论哪一种方式产生的承包权与经营权，在同等条件下，必须优先本集体经济组织成员承受流转。

四、农村土地承包权和经营权流转的方式

（一）转包

转包，是指承包方在剩余承包期内将部分或全部承包地以一定期限转给本集体经济组织的其他农户从事农业生产经营。转包后原土地承包关系不变，原承包方继续履行原土地承包合同规定的权利和义务。接包方按转包时约定的条件对转包方负责。

（二）出租

出租，是指承包方将部分或全部土地承包经营权以一定期限租赁给他人从事农业生产经营。出租后原土地承包关系不变，原承包方继续履行原土地承包合同规定的权利和义务。承租方按出租时约定的条件对承包方负责。

（三）互换

互换，是指承包方之间为方便耕种或者各自需要，对属于同一集体经济组织的土地承包经营权进行交换。承包方应当及时向发包方备案。承包方与发包方的承包关系不变，双方享有的权利和承担的义务不变。

（四）转让

转让，是指承包方有稳定的非农职业或者有稳定的收入来源，经承包方申请和发包方同意，将部分或全部土地承包经营权让渡给其他从事农业生产经营的农户，由受让方与发包方重新签订承包合同，确立新的承包关系。受让方履行相应土地承包合同的权利和义务。转让后原土地承包关系自行终止，原承包方承包期内的土地承包经营权部分或全部灭失。

（五）入股

入股，是指承包方将土地承包权和经营权量化为股份，作为出资投入到其他经营组织。入股分为股份合作和入企业股，股份合作，是指承包农户之间为发展农业经济，自愿联合将承包土地量化为股份，从事农业合作生产。入企业股，是指将土地量化为股份投入企业作为赚取回报的投资。承包地入股后，承包方与发包方的承包关系不变，双方享有的权利和承担的义务不变。

（六）抵押

抵押，是指土地经营者作为债务人不转移对土地的占有，将土地经营权作为债权的担保，进行登记。当不能履行债务时，债权人有权依法将该土地经营权进行处置并将其价款优先受偿。

（七）代耕

代耕，是指承包方将土地交由他人代为耕种的流转方式。代耕一般比较灵活，期限较短，不一定签订流转合同，流转的主体是承包方与代耕方。代耕后，承包方与发包方的承包关系不变，双方享有的权利和承担的义务不变。

五、农村土地承包权和经营权流转的操作流程

一般来说，农村土地承包权和经营权流转操作程序为：双方当事人提出申请、乡镇人民政府农村合同主管部门审查、双方签订合同、合同主管部门备案登记、乡镇人民政府合同主管部门批准，流转成功。土地经营权主体再流转土地经营权或依法依规设定抵押时，须经承包农户或其委托代理人书面同意，并向农民集体书面备案。

（一）农户自主流转其承包权和经营权的办理程序

1. 流转双方洽谈磋商，确定流转方式、流转时间、流转价格以及流转收益支付方式等。

2. 流转双方在协商一致的基础上签订书面合同，由流转双方本人签章。

3. 流转合同签订后，承包农户应将签字后的土地承包权和经营权流转合同分别报送土地发包方和所在乡（镇、街道）农村土地流转服务中心存档。

4. 土地发包方和乡（镇、街道）农村土地流转服务中心收到承包农户递交的书面流转合同后，应当予以必要的审核，如有不妥应给予指正。如发现违背国家法律法规的，应依法予以制止。

（二）农户委托村集体流转其承包权和经营权的办理程序

1. 农户递交由户主签字的委托流转申请书。

2. 乡（镇、街道）、村农村土地流转服务中心分别进行审核，讨论是否接受委托，并将讨论结果在半个月内通知委托农户。

3. 如决定接受委托的，村集体应当与委托农户签订委托合同，并在接受委托后半个月内，将流转农户、地块等基本情况，以适当形式向村内外发布公告，并上报县、乡（镇、街道）农村土地流转服务中心，对外发布。

4. 有意受让流转土地的，可在县、乡（镇、街道）、村农村土地流转服务中心公告的有效期内，提交受让流转土地的规划书面申请。

5. 县、乡（镇、街道）、村农村土地流转服务中心在公告期结束后，及时召集已提交受让流转土地的申请人进行磋商。可以协商确定流转价格，也可以通过招标的办法确定流转价格，在公平合理、协商一致的基础上拟订流转合同草案，经委托人（承包户）与业主签字认可后正式生效。

（三）抛荒耕地的流转程序

1. 调查摸底。各村或村民小组认真填报县、乡（镇、街道）农村土地流转服务中心统一制作并发放的《抛荒土地调查登记表》，对抛荒耕地逐一进行调查核实，确定土地抛荒的年限，并由参加调查核实的人员及农户签字确认后报乡（镇、街道）农村土地流转服务中心。

2. 公示。抛荒土地摸底情况要在村务公开栏、所在村民小组进行公示，对土地抛荒时间达到 2 年的，依据《土地管理法》第 37 条的规定，收回土地承包权和经营权。对公示有异议者，要求继续承包已抛荒耕地的，应在 15 天内提出复耕计划报村集体和村民小组备案，复耕期限为半年，到期未复耕的视为放弃复耕，由原发包单位依法收回。

3. 农户确认同意。抛荒土地经公示无异议的，由发包单位发出书面通知，经农户确认同意后收回。通知书一式二份，一份农户签字后作为回执交回原发包单位存档，一份由农户留存。对于收回抛荒土地承包权和经营权通知书难以送达的，可以依法采取留置送达、委托送达、公告送达、邮寄送达等方法送达。承包农户也可以将抛荒土地委托发包方流转，对连片抛荒地还可以由所涉及的承包户共同合作开发经营抛荒土地。在开展抛荒地调查中，农户在限期复耕、委托村集体流转和村集体收回承包权三种方案中，选择其中一种方案进行签字认可。

4. 终止承包关系。经合法程序收回的土地承包权和经营权证由原发证单位办理注销手续。土地承包合同终止手续由发包方申请，经乡（镇、街道）农村土地流转服务中心审核后报县农业局确认。

5. 流转。收回的抛荒地和农户委托村集体流转的抛荒地，由原发包方统一组织流转。收回的抛荒地，经流转所得收入归村集体所有，委托村集体流转抛荒地因流转所得的收益，归承包农户。村集体无法流转的抛荒地，应及时上报县、乡（镇、街道）农村土地流转服务中心，由乡（镇、街道）牵头，组织土地、农业、林业等部门技术人员，对抛荒地的地质、地理位置等进行评估、论证、策划，引入项目，开发利用。

案例简析

导入案例是一起土地承包合同纠纷。

本案的争议焦点是：

1. 戴某建造山塘、打井和出租鱼塘是否构成违约？

2. 新村民二组是否可以收回戴某承包的 14 亩荒地？

3. 新村民二组是否可以调整戴某的 1.2 亩耕地给新立户的周某？

根据《农村土地承包法》的规定，不宜实行家庭承包的"四荒地"，可以采取招标、拍卖等方式承包。发包方与承包方的权利义务以及承包期限，由承包合同约定。本案中，戴某以竞争性方式承包了 14 亩荒地，与村民小组签订《土地承包合同》约定，戴某利用荒地进行果园开发和农业生产，自主经营，期限为 30 年，戴某每年交给村民小组 1400 斤稻谷。此后，戴某每年按约定履行了交稻谷的义务，并开发果园，造出鱼塘养鱼和灌溉耕地。后来将鱼塘租给贺某养鱼。戴某的行为属于自主经营，符合农村土地承包的常规，没有违背合同约定。因此，不构成违约。

因竞争性承包的当事人权利义务以及承包期限由承包合同约定。在承包合同没有到期，并且承包人戴某没有违约的情况下，新村民二组无权收回 14 亩荒地。如果新村民二组单方面收回戴某承包的 14 亩荒地，则新村民二组构成违约。

根据法律的规定，耕地的承包期限为 30 年。家庭承包的期限必须遵守以上法定期限。在承包期内，允许承包人以转包等方式流转承包地，除法律规定的特殊情形之外，发包方无权收回土地。本案中，戴某的承包尚在承包期内，戴某将承包的耕地转包给贺某耕种，属于正常的流转，不违背法律，也不存在法律规定的特殊情形，因此，新村民二组在承包期内不能调整戴某的 1.2 亩耕地给新立户的周某。

作业练习

一、判断题

1. 对在国务院批准规划范围内实施退耕的农民，应当按照国家规定予以补助。（　　　）

2. 农村土地承包后，土地的所有权性质不变。（　　　）

3. 承包期内，承包方全家迁入小城镇落户的，应当将承包的耕地或者草地交回发包方，承包方不交回的，发包方可以收回承包的耕地和草地。（　　　）

4. 农村土地承包，妇女与男子享有平等的权利。（　　　）

5. 在承包期间，承包方不能将承包地用于非农建设。（　　　）

二、选择题

1. 我国现行的农村基本经营制度是以（　　　）为基础、统分结合的双层经营体制。

　　A. 家庭承包经营　　　　　　　　B. 包产到户、联产计酬

　　C. 集体统一经营　　　　　　　　D. 家庭联产承包经营

2. 《农村土地承包法》规定，农民集体所有的土地依法属于村农民集体所有的，由村集体经济组织或者（　　　）发包。

　　A. 村民小组　　　　　　　　　　B. 村民委员会

　　C. 乡镇政府　　　　　　　　　　D. 县政府

3. 农村土地承包经营权流转的主体是（　　　）。

　　A. 承包方　　　　　　　　　　　B. 发包方

　　C. 第三方　　　　　　　　　　　D. 上级机关

4. 承包方之间为发展农业经济，可以自愿联合将土地承包经营权（　　　），从事农业合作生产。

　　A. 转让　　　　　　　　　　　　B. 入股

　　C. 转包　　　　　　　　　　　　D. 抵押

5. 《农村土地承包法》实施前已经预留机动地的，机动地面积不得超过本集体经济组织耕地面积的（　　　）。

　　A. 3%　　　　　　B. 5%　　　　　　C. 7%　　　　　　D. 10%

第三章　农村自留地、自留山使用权法律实务

🔊 **学习目标**

通过本章的学习，你将能够：

1. 陈述农村自留地、自留山及其使用权的概念。

2. 概述农村自留地、自留山使用权法律制度。

3. 办理农村自留地、自留山使用权法律实务。

🔊 **案例导入**

仙居县步路乡某村马某台一家有夫妻、母亲和四儿二女；二儿子马某平 9 岁时户籍迁往外乡外婆家。林业"三定"划分自留山时，马某台的大儿子马某琴在本集体经济组织已经自立户头，划分了自留山；马某台夫妻、母亲及 2 子 2 女共 7 人为一户，分得 2 宗自留山 15 亩。2006 年换发林权证时，马某台夫妻和母亲已经亡故，2 个女儿已经出嫁，该户在本集体经济组织人口存有马某台的 2 个儿子马某甲和马某战及其家属。2006 年，在马某台户自留山证换证时，在户主一栏除填写马某甲、马某战外，未经马某甲、马某战同意，加上了马某琴的名字。

马某甲认为，自留山以户为单位划分，马某琴自留山另有户头，不能以继承为名共享父母的自留山使用权。2014 年 8 月 10 日，马某甲向仙居县人民法院起诉，要求注销林权证中登记的马某琴的共有人资格。8 月 27 日，仙居县人民法院受理了此案。

（来源：王明生："农户自留山和责任山问题探讨"，载中国乡村发现网，2014 年 9 月，引用时有删节和修改）

自留山确权问题，具有很强的政策性。假如你是法律服务工作者，你认为台州市中级人民法院是否应当支持马某甲的请求？理由是什么？如果你不能回答以上问题，请学习本章的知识。

🕮 知识学习

第一节 农村自留地、自留山使用权概述

一、农村自留地、自留山立法概况

自留地是由农村集体经济组织按政策规定分配给成员长期使用的土地。自留山是由农村集体经济组织按规定分给其成员使用和经营的小块山林。关于自留地和自留山，国家没有专门立法。有关法律规范和政策规范分别存在于相关的法律法规和文件之中。1956年3月，全国人民代表大会常务委员会通过《农业生产合作社示范章程》对自留地作出规定："为了照顾社员种植蔬菜或者别的园艺作物的需要，应该允许社员有小块的自留地。社员每户自留地的大小，应该按照每户人口的多少和当地土地的多少来决定，但是每口人所留的土地至多不能超过全村每口人所有土地的平均数的百分之五。"1956年6月，全国人民代表大会通过《高级农业生产合作社示范章程》，第16条规定："农业生产合作社应该抽出一定数量的土地分配给社员种植蔬菜。分配给每户社员的这种土地的数量，按照每户社员人口的多少决定，每人使用的这种土地，一般地不能超过当地每人平均土地数的5%。"1957年6月，全国人民代表大会常务委员会通过《关于增加农业生产合作社社员自留地的决定》，对《高级农业生产合作社示范章程》第16条作出补充规定："农业生产合作社可以根据需要和当地条件，抽出一定数量的土地分配给社员种植猪饲料。分配给每户社员的这种土地的数量，按照每户社员养猪头数的多少决定。每人使用的这种土地，连同高级农业生产合作社示范章程所规定的分配给社员种植蔬菜的土地，合计不能超过当地每人平均土地数的10%。"1962年9月，中共八届十中全会通过《农村人民公社工作条例修正草案》，第40条第1款规定："……自留地一般占生产队耕地面积的5%~7%，归社员家庭使用，长期不变。在有柴山和荒坡的地方，还

可以根据群众需要和原有习惯，分配给社员适当数量的自留山，由社员经营。自留山划定以后，也长期不变。"1981年3月，《中共中央国务院关于保护森林发展林业若干问题的决定》第2条第2款规定："社员在房前屋后、自留山和生产队指定的其他地方种植的树木，永远归社员个人所有，允许继承。"同月，中共中央、国务院转发国家农委《关于积极发展农村多种经营的报告》，第5条第2项提出："……自留地、自留山，以及社员个人植树等政策，要通过立法，长期不变，使群众安心地种植和发展。……有条件的地方，还可以适当扩大一些自留地。自留地高限可达耕地面积的50%……"2004年修订的《土地管理法》第8条第2款规定："……自留地、自留山属农民集体所有。"2008年6月，《中共中央、国务院关于全面推进集体林权制度改革的意见》第8条提出："……自留山由农户长期无偿使用，不得强行收回，不得随意调整……"可见，国家在现行法律中仍然保留了自留地、自留山的规定。以前根据政策分配到户的自留地、自留山的使用权，仍受国家法律的认可和保护。

二、农村自留地、自留山与承包地的相同点及区别

自留地、自留山和承包地（即责任田和责任山）一样，所有权属于集体，土地类型属于农用地，都以农户为经营单位，都是无偿取得，都由不动产登记机构统一登记。以前，责任田、责任山需要向国家交纳农业税和完成统购任务，而自留地、自留山不计算在集体分配的产量和集体分配的口粮以内，国家不征收农业税，不计统购。国家取消农业税和统购以后，这一点区别就不存在了。客观上说，全面实行农村土地家庭承包制度后，自留地、自留地和承包地的区别就不是很大了。实践中，各地农村一般都采取保留原状的方式，没有再重新分配、调整或取消自留地、自留山。也有的村民集体将自留地、自留山等同于承包地，在确权登记、权利保护、征地拆迁与补偿等方面实行合并管理，同等对待。

但是，自留地、自留山作为20世纪50年代起就存在的一种农村集体土地类型，和全面实行农村土地家庭承包制度以后出现的责任田、责任山相比，还是有明显区别的。法律和政策都没有将两者规定为同一种类型的土地。

（一）自留地和责任田的区别

1. 所占农村土地的比例不同。自留地是农村集体经济的必要补充，不超过

耕地的 15%；而责任田是农村集体经济的主体，占耕地的绝大部分。

2. 取得的依据不同。自留地是按 20 世纪五六十年代的政策规定取得使用权的土地；责任田是依照《农村土地承包法》《物权法》规定取得使用权的土地。

3. 取得的方式不同。自留地是农村集体经济组织按政策规定分配给农户长期使用的土地，农户通过接受分配取得；责任田是农村集体经济组织依法将村集体所有耕地承包给农户，农户通过承包取得。

4. 使用权期限不同。自留地由村民集体分配给农户长期使用，分配以后，生不增、死不减，长期不变；责任田的承包期限由承包合同按照法律规定约定，30 年不变。

（二）自留山和责任山的区别

1. 所占农村土地的比例不同。自留山是农户用于副业种植的屋前屋后的小块山林，是集体林地很小的一部分；而责任山是农民集体林地的主体，占集体林地的绝大部分。

2. 取得的依据不同。自留山是按 20 世纪五六十年代的政策规定取得使用权的林地；责任山是依照《农村土地承包法》规定取得使用权的林地。

3. 取得的方式不同。自留山是农村集体经济组织按政策规定分配给农户长期使用的小块林地，农户通过接受分配取得；责任山是农村集体经济组织依法将山林承包给农户经营，农户通过承包取得。

4. 使用权期限不同。自留山由集体经济组织分配给农户长期使用，分配以后，生不增、死不减，长期不变；责任山的承包期限由承包合同按照法律规定约定，70 年不变，特殊林木的林地承包期可以申请延长。

三、自留地、自留山使用权的主体

农户是自留地、自留山使用权的主体。自留地、自留山以农户为单位，根据家庭人口和劳动能力情况分配给本集体经济组织农户使用，长期不变。农户的家庭成员不能独立成为自留地、自留山使用权的主体。由于家庭成员是动态的，生死、嫁娶、外迁等因素，使家庭成员经常发生变化，所以农户的家庭成员，不能以划分自留地、自留山时的人口确定，应为本集体经济组织中本户的"现任"成员。因为分家，部分家庭成员新立户头的，可以报请村民集体将该家庭的自留地、自留山相应部分划分到新立的户头名下。

本集体经济组织以外的组织和个人可以通过租赁、投资入股、合伙经营等方式成为自留地、自留山经营权主体。

四、自留地、自留山使用权的权能

自留地、自留山使用权，是指农民依法对在农业合作化后集体分配给其的自留地、自留山所享有的在自留地里种植农作物和在自留山上种植林木的权利。

自留地、自留山使用权和土地承包经营权一样，是一种用益物权，具有以下权能：

（一）占有

已经划定的自留地、自留山，由农户长期无偿使用，村民集体不得强行收回，其他组织和个人不得侵占。

（二）使用

农村集体经济组织成员有权在法律规定的范围内经营自留地、自留山，发展家庭副业和饲养自留畜。

（三）收益

农民在自留地、自留山种植的农作物、林木，如庄稼、果木、药材等收益，归个人所有。

（四）流转

国家允许农户将自留山、自留地进行合理流转，各种农业经营者都可通过互换、租赁、承包等方式参与流转。

第二节　农村自留地、自留山使用权的取得与确权登记

一、自留地、自留山使用权的取得

（一）原则

1. 因地制宜。根据农村集体经济组织土地的实际情况和村民的屋前屋后土

地情况、家庭人口情况等，合理分配自留山自留地的使用权。

2. 公开、公平、公正，正确处理集体、个人的利益关系。

3. 自留地、自留山使用权长期保持不变。不得强行收回，一般不作调整，以保持其稳定性。

（二）方式

自留地、自留山使用权的取得的主要方式是无偿接受分配取得。农村集体经济组织按政策规定分配给成员长期使用的屋前屋后的土地作为自留地，小块山林作为自留山。

（三）程序

自留地经农村集体经济组织按照当时的情况分配以后，即交给农户。自留地的使用权因此确定下来，没有履行其他手续。

自留山在最初分配的时候和自留地的程序相同。20 世纪 80 年代改革开放初期实行林业"三定"（稳定山权林权、划定自留山和确定林业生产责任制）时，自留山一经划定分配，自留山使用人便可以申请县级人民政府颁发自留山使用证。

二、自留地、自留山使用权的确权登记

（一）自留地、自留山使用权的原始证明

国家没有为自留地发过任何证书，法律法规和政策文件也没有规定为自留地颁发使用权证书。证明自留地使用权，使用当时的分配表册等原始记录是一个有效的途径。但由于农村条件有限，经过几十年的时间，许多村民集体没有保存这种记录，而且也有个别的村民集体在中途调整过自留地。因此，目前比较现实的方法是由本集体经济组织相当数量的农户证明，在此基础上由现届村民集体出具书面证明。

在农业合作化时期和人民公社时期分配自留山时，没有颁发使用证书。20 世纪 80 年代初实行林业"三定"时，县级人民政府给自留山使用人颁发了自留山使用证，如《社员自留山使用证》。2008 年实行以明晰产权为主体的集体林权改革后，有的地方将自留山使用证换发为林权证，有的地方没有换发。

（二）自留地、自留山使用权确权登记的政策依据与实践

2011年5月，国土资源部、财政部和农业部联合发出《关于加快推进农村集体土地确权登记发证工作的通知》，提出"把全国范围内的农村集体土地所有权证确认到每个具有所有权的集体经济组织，做到农村集体土地确权登记发证全覆盖"。2013年中央一号文件《中共中央、国务院关于加快发展现代农业，进一步增强农村发展活力的若干意见》提出，全面开展农村土地确权登记颁证工作。健全农村土地承包经营权登记制度，强化对农村耕地、林地等各类土地承包经营权的物权保护。

以上两个文件只是笼统提到对农村耕地、林地的承包经营权进行确权登记，而没有对于自留地、自留山使用权的确权登记作出明确的规定。有的地方在实践中参照土地承包经营权执行，在确权过程中，由确权机构一并对自留地、自留山进行确权，由县级人民政府不动产登记机构对自留地、自留山使用权进行统一登记，以减少土地纠纷，保障农民的权益。

（三）自留地、自留山使用权确权登记

自留地、自留山使用权的确权登记，可以依当事人的申请，参照土地承包经营权确权登记颁证程序进行，要在本集体成员内部充分讨论，达成一致，依照自愿的原则进行登记。

自留地、自留山使用权的确权登记，坚持依法依规有序操作。按照物权法定精神，严格执行《物权法》《农村土地承包法》《土地管理法》等法律法规和政策关于农用地的规定，按照农业部制发的相关规范和标准，开展自留地、自留山调查，建立登记簿，颁发权属证书，确保登记成果完整、真实、准确。对确权登记颁证中的争议，有法律政策规定的，依政策进行调处。对于一些疑难问题，在不违背法律政策精神的前提下，通过民主协商妥善处理。自留地、自留山权属争议未解决的，不进行土地承包经营权确权登记颁证。

农村实行家庭承包经营制前划给农户耕种的自留地和自留山，第二轮土地承包时已并入承包地的，要一并计算承包地面积，进行确权登记；第二轮土地承包时未列入承包地的，按实有地块数量、面积、边界、位置登记，征求多数村民意见，可以纳入承包土地一并确权，但必须在表册、台账和经营权证书上注明自留地、自留山。

第三节 农村自留地、自留山经营权的
流转与收益继承

一、农村自留地、自留山经营权的流转

（一）自留地、自留山经营权的流转的法律依据

《土地管理法》第 8 条第 2 款规定："农村和城市郊区的土地，除法律规定属于国家所有的以外，属于集体所有；宅基地和自留地、自留山，属于集体所有。"《物权法》第 124 条规定："……农民集体所有和国家所有由农民集体使用的耕地、林地、草地以及其他用于农业的土地，依法实行土地承包经营制度。"自留地、自留山属于农村集体所有的耕地，根据上述法律规定，自留地、自留山也应属于土地承包经营制度的范围。《农村土地承包法》第 10 条规定："国家保护承包方依法、自愿、有偿地进行土地承包经营权流转。"这也说明，法律保护农村集体成员的土地承包经营权流转的合法权益。除根据《物权法》第 184 条规定和《担保法》第 37 条规定，宅基地、自留地、自留山等集体所有的土地使用权不得抵押以外，自留地、自留山作为农用地，法律和政策没有明确禁止其流转，其合理流转也应受到承包地流转同样的法律保护。2013 年党的十八届三中全会提出"农村土地入市交易"的改革方案以来，我国政府一直鼓励农村集体土地在法律允许的条件下进行合理流转，放活土地经营权，促使土地资源优化配置，以加快农村集体土地进入市场。自留山、自留地经营权流转的合法权益，需要法律予以保护和激励。

（二）自留地、自留山经营权的流转方式

1. 转让。农户将自己的自留地、自留山经营权让渡给其他从事农业生产经营的农户，由其履行相应权利和义务。转让后原农户自留地、自留山经营权部分或全部灭失。

2. 入股。农户将自留地、自留山经营权作为股权，自愿联合入股组成股份公司或者合作社等，从事农业生产经营。

3. 互换。互换，是指在农户之间为方便耕作或者各自需要，对属于同一集体经济组织的自留地、自留山进行交换，同时交换相应的经营权。经营权互换是自留地、自留山经营权人改变，不是自留地、自留山用途及义务的改变，互换后的自留地、自留山经营权人仍然要履行该自留地、自留山原来负担的义务。

4. 租赁。主要指农户作为出租方将自己自留地、自留山在一定期限内全部或部分租赁给本集体经济组织以外的单位或者个人，并收取租金的行为。出租后，虽然自留地、自留山不再由原农户耕植，但经营权的主体没有发生变化。

5. 代耕。主要指农户将自家自留地、自留山交给亲属或他人代为耕作。实际耕种者的自留地、自留山经营权来源于自留地、自留山经营户的经营权，倘若不存在自留地、自留山经营户的原始自留地、自留山经营权，也就不存在实际耕种者的权利。

二、自留地、自留山经营权收益继承和共同生活人继续经营

（一）自留地、自留山经营权收益的继承

《继承法》第 3 条规定：遗产是公民死亡时遗留的个人合法财产，包括公民的林木。第 4 条规定："个人承包应得的个人收益，依照本法规定继承。个人承包，依照法律允许由继承人继续承包的，按照承包合同办理。"《最高人民法院关于贯彻执行〈中华人民共和国继承法〉若干问题的意见》第 4 条规定："承包人死亡时尚未取得承包收益的，可把死者生前对承包所投入的资金和所付出的劳动及其增值和孳息，由发包单位或者接续承包合同的人合理折价、补偿，其价额作为遗产。"农民经营的自留地、自留山的收益，如种的庄稼、果木、药材等，则为农民个人所有。农民去世后，这些收益可以作为遗产由继承人继承。

（二）共同生活人继续经营自留山、自留地

因为遗产必须是公民个人合法拥有的财产，而自留山、自留地所有权属于集体，农户对自留山、自留地只依法享有使用的权利，所以，村民不能将自留山、自留地作为遗产继承，而永远只享有使用权。实践中，在自留山种植林木的，因

投入多，收获周期较长，很多地方给自留山使用权人办法了林权证。被继承人经营的林地上的林木和其他收益是遗产，继承人可以在一定期限内继承；林地可以在承包期内继续承包。但林地使用权不属遗产继承范畴。

家庭个别成员死亡，只要户还存在，就不妨碍农户其他成员对自留地、自留山行使经营权。但这不是继承，只是家庭共同生活的人继续经营和使用。在农户存在的情况下，家庭个别成员死亡，继承人（包括户内继承人和户外继承人）对死者自留地、自留山提出继承诉求的，在实际调处时，应把握三点：一是自留地、自留山经营权必须由本户的其他成员继续行使，户外继承人不得分配自留地、自留山经营权；二是死者死亡时，自留地、自留山上种植的庄稼、林木和其他经营收益，死者个人份额可由继承人继承；三是户内人口外迁，外迁人提出分割自留地、自留山时，不得分割自留地、自留山经营权，但可以对其本人的经营成果给予适当处置。

三、自留地、自留山的调整

关于自留地、自留山的基本政策是，以户为单位，生不增、死不减，长期不变，迁居、婚娶不能随带。也就是说，自留地、自留山基本上不作调整。一个农户的人口增减，不影响该农户继续使用自留地、自留山。家庭成员分家立户，对自留地、自留山可以进行相应的分户，达成分户协议后，经本集体经济组织同意备案，可以分别对自留地、自留山申请办理登记手续。当这个农户在本集体经济组织内消失时，集体经济组织在户外继承人继承或处理好自留地、自留山经营成果后，可以收回自留地、自留山。村民集体可按规定的标准和程序，将收回的自留地、自留山分配给有新增人口的农户。

🔍 **案例简析**

导入案例是一起自留山使用权确权纠纷案件。

自留山以户为单位享有使用权。马某台的自留山，属本户现有人口使用，马某琴及其2个出嫁的姐妹不享有使用权。在未经马某甲、马某战同意的情况下，村里以有继承权为由将马某琴登入原告户的自留山林权证，是错误的，人民政府应予纠正。当事人对人民政府处理不服的，可以向人民法院起诉。

至于遗产继承，是针对死者的个人遗产。本案中，自留山上的林木是马某台夫妇的个人财产，可以作为被继承人的经营收益列入遗产继承。但是，自留山使用权不属个人财产，不能继承。

所以，法院应当支持马某甲的请求。

作业练习

一、判断题

1. 农民耕种的自留地的所有权属于国家。（　　　）

2. 自留地、自留山长期归农民使用，种植物归农民个人所有，作为农民个人生活和收入的补充来源。（　　　）

3. 农民集体所有的土地使用权不得出让、转让或者出租用于非农业建设。（　　　）

4. 自留地生产的产品归农民自己支配，国家不征农业税。（　　　）

5. 非农业人口在原农村房屋居住原有自留地一般没有使用权。（　　　）

二、选择题

1. 宅基地和自留地、自留山属于（　　　）所有。

A. 国家 　　　　　　　　　　B. 集体

C. 个人 　　　　　　　　　　D. 公共

2. 我国《森林法》规定的林权的主体是（　　　）。

A. 森林所有权的主体是国家和集体

B. 林地所有权的主体是国家、集体和个人

C. 林木所有权的主体是国家、集体和个人

D. 森林、林木、林地使用权的主体是国家、集体和个人

3. 下列说法错误的是（　　　）。

A. 集体所有制单位营造的林木，归该单位所有

B. 农村居民在房前屋后、自留地、自留山种植的林木，归个人所有

C. 城镇居民和职工在自有房屋的庭院内种植的林木，归个人所有

D. 集体或者个人承包国家所有和集体所有的宜林荒山荒地造林的，承包后种植的林木归承包的集体所有

4. 关于农村自留山，下来说法正确的是（　　）。

A. 自留山由农户长期有偿使用

B. 可以强行收回

C. 可以随意调整

D. 自留山和责任山以农户为单位承包

5. 我国的土地分为（　　）。

A. 自留地和自留山　　　　　B. 基本农田和宅基地

C. 建设用地和非建设用地　　D. 城市土地和农村土地

第四章　农村宅基地使用权法律实务

学习目标

通过本章的学习，你将能够：

1. 陈述农村宅基地和宅基地使用权的概念、特点。

2. 概述农村宅基地使用权法律制度。

3. 办理农村宅基地使用权证、房产证、不动产证的申请与确权登记事务。

案例导入

村民曾某已有宅基地，后又取得一份宅基地。曾某便与同村王某签订了宅基地使用权转让合同，曾某将这份宅基地以 3 万元的价格转让给王某，王某将款项支付给曾某。当王某开始建房时，被邻居张某阻止，致使王某无法建房。王某以侵权为由，将邻居张某诉至法院，要求停止侵权，排除妨碍。邻居张某以王某无权取得宅基地使用权为由，请求法院驳回王某的诉讼请求。

〔来源：湖南电大法学（农村法律事务方面专业建设调研组）〕

对此案件，有一种意见支持王某，认为他签订合同取得宅基地的使用权，可以建房；另一种意见支持张某，认为王某无权取得宅基地使用权，不能建房。假如你是法律服务工作者，你持什么观点？理由是什么？如果你不能回答以上问题，请学习本章的知识。

第一节　农村宅基地使用权概述

一、农村宅基地立法概况

农村宅基地属于建设用地的范畴。在农村土地中，宅基地与集体建设用地属于非农业用地。我国目前还没有关于农村宅基地的专门立法，有关农村宅基地的法律规范体系是逐步建立起来的，分别存在于《物权法》《土地管理法》《土地管理法实施条例》《不动产登记暂行条例》等法律法规和部门规章之中。

《土地管理法》第62条规定："农村村民一户只能拥有一处宅基地，其宅基地的面积不得超过省、自治区、直辖市规定的标准。农村村民建住宅，应当符合乡（镇）土地利用总体规划，并尽量使用原有的宅基地和村内空闲地。农村村民住宅用地，经乡（镇）人民政府审核，由县级人民政府批准；其中，涉及占用农用地的，依照本法第44条的规定办理审批手续。农村村民出卖、出租住房后，再申请宅基地的，不予批准。"《物权法》"用益物权"篇以专门的一章（第十三章），共4条（第152条至155条），对村民宅基地使用权的保障，宅基地使用权的取得、行使和转让所使用的法律，以及宅基地使用权的登记、变更登记或者注销登记等作出了规定，明确农村宅基地使用权为用益物权。关于宅基地的确权登记工作，2008年7月，《国土资源部关于进一步加快宅基地使用权登记发证工作的通知》提出，要明确政策，依法登记宅基地；2011年5月，《国土资源部、财政部、农业部关于加快推进农村集体土地确权登记发证工作的通知》提出，实行凭证管地用地制度，宅基地调整必须以确权登记发证为前提；2011年11月，《国土资源部、中央农村工作领导小组办公室、财政部、农业部关于农村集体土地确权登记发证的若干意见》提出：宅基地使用权应该按照当地省级人民政府规定的面积标准确认给本农民集体成员，并对非本农民集体的农民、非农业户口居民（含华侨）合法取得宅基地的情形和已拥有一处宅基地的本农民集体成员、非本农民集体成员的农村或城镇居民因继承房屋占用农村宅基地的宅基登记作出了规定，明确提出了不同的历史阶段对超面积的宅基地进行确权登记发证的具体政策；2014 年 8 月，国土资源部、财政部和住房和城乡建设部等部委联合发出《关于进一步加快推进宅基地和集体建设用地使用权确权登记发证工作的通知》，全面阐明了宅基地和集体建设用地使用权确权登记发证的重大意义，重申不同的历史阶段对超面积的宅基地进行确权登记发证的具体政策，并提出顺利推进宅基地和集体建设用地使用权确权登记工作的具体保障措施；2015 年 3 月颁布的《不动产登记暂行条例》，明确规定将宅基地使用权作为一项独立的不动产权利进行登记；2016 年 12 月，《国土资源部关于进一步加快宅基地和集体建设用地确权登记发证有关问题的通知》提出："农村宅基地和集体建设用地使用权以及房屋所有权是不动产统一登记的重要内容，各地要按照《不动产登记暂行条例》《不动产登记暂行条例实施细则》《不动产登记操作规范（试行）》等法规政策规定，颁发统一的不动产权证书。""宅基地、集体建设用地和房屋等定着物应一并划定不动产单元，编制不动产单元代码。""结合实际依法处理'一户多宅'问题。"并重申分阶段依法处理宅基地超面积问题，依法确定非本农民集体成员合法取得的宅基地使用权和依法维护农村妇女和进城落户农民的宅基地权益的政策。

二、农村宅基地使用权的主体

（一）本集体经济组织成员

农村宅基地使用权的享有，是与集体经济组织成员的资格联系在一起的，在一定程度上具有福利性质和社会保障的功能。这种福利主要表现在农民能够廉价取得宅基地，获取基本的生活条件，从而享有最低限度的居住福利。农村集体经济组织的每一个农户都有权申请宅基地，一般情况下，农村宅基地使用权的主体为本集体经济组织成员。由于农村宅基地使用权是基于集体经济组织成员资格而享有的一项福利性权利，因此，只能在本集体经济组织成员之间流转。

（二）非本集体经济组织成员

根据 2011 年《关于农村集体土地确权登记发证的若干意见》和 2016 年《国土资源部关于进一步加快宅基地和集体建设用地确权登记发证有关问题的通知》

的相关规定，在特殊情况下，农村宅基地使用权的主体为非本集体经济组织成员：

1. 非本集体经济组织成员因扶贫搬迁、地质灾害防治、新农村建设、移民安置等按照政府统一规划和批准使用宅基地的，在退出原宅基地并注销登记后，依法确定新建房屋占用的宅基地使用权。

2. 非农业户口居民（含华侨）原在农村合法取得的宅基地及房屋，房屋产权没有变化的，经该农村集体经济组织出具证明并公告无异议的，仍然享有原来在农村的房屋所有权和宅基地使用权。

3. 非本集体经济组织成员的农村或城镇居民，因继承房屋占用农村宅基地的，取得该房屋的宅基地使用权。

三、宅基地使用权的权能

宅基地使用权，是指农民因建造自有房屋而对集体所有的土地享有占有、使用的权利。农村居民宅基地的所有权依法归集体所有。农民对宅基地依法享有使用权。宅基地使用权作为一项用益物权，具有以下权能：

（一）占有

宅基地使用权人依法对集体所有的宅基地享有占有的权利，村民集体和其他组织、个人不得妨碍和侵害。

（二）使用

宅基地使用权人有权依法利用宅基地建造住宅及其附属设施，有权对宅基地上的房屋进行维修和改建。

（三）收益

宅基地使用权人有权获得宅基地使用的收益，如农村集体组织以出租合作等方式盘活利用空闲农房及宅基地获得的收益、有偿退出宅基地的收益。

（四）流转

宅基地使用权人在征得村民集体同意后，可以将房屋卖给本村民集体的成员，宅基地使用权一并转移。在试点市县，宅基地使用权可以抵押担保贷款。

四、农村宅基地使用权法律制度的改革

（一）农村宅基地使用权法律制度改革的热点和难点

农村宅基地使用权法律制度改革的热点难点问题主要有：实行宅基地超占部分有偿使用问题；宅基地使用权期限及一定范围内的宅基地有偿使用问题；逐步建立农民宅基地使用权流转市场问题，有计划、有步骤、有重点地推进农户住宅集聚化建设问题；积极推进农村宅基地整理，盘活农村土地资源，加速农民社区建设，提高节约集约化利用水平问题；建立农村宅基地退出机制问题；规范政府的征地权力，切实保护农民宅基地的合法权益问题；等等。

（二）农村宅基地使用权法律制度改革的任务

2015 年，《中共中央、国务院关于全面深化农村改革加快推进农业现代化的若干意见》明确提出要完善农村宅基地管理制度。

1. 全面清理有关涉及农村宅基地的法律法规。对《宪法》《民法通则》《物权法》《土地管理法》《担保法》等法律法规以及国务院和国土资源部、建设部等部委文件，直至地方政府的既有政策作出全面修改、调整。建立、完善从农村宅基地的取得、登记、使用、处分、收益等系统的农村宅基地管理办法，明确其法律关系和法律地位。从法规上解决目前农村宅基地的制度性顶层设计缺陷。

2. 抓紧制定和完善农村宅基地管理制度。根据中央文件要求，针对目前我国农村宅基地立法的滞后情况，尽快出台《农村宅基地管理条例》或《农村宅基地管理办法》，对农村宅基地的规划利用，产权关系，标准面积，取得与丧失等；对申请对象的界定，审批程序的规范，使用期限的明确，审批结果的公开公示，宅基地的使用监督等；对农村宅基地使用权取得主体、宅基地使用权转让客体、继承取得宅基地使用权、有偿使用和期限设置、宅基地使用权法定登记、宅基地使用权流转的条件、形式和内容等；对农村宅基地使用权的概念、取得方式、内容、行使、灭失、流转、法律责任及其他法律应当规定的条款等作出专门的法律规定。

（三）农村宅基地使用权法律制度改革试点

为落实《中共中央、国务院关于加大改革创新力度加快农业现代化建设的若

干意见》提出的"改革农村宅基地制度，完善农村宅基地分配政策，在保障农户宅基地用益物权前提下，选择若干试点，慎重稳妥推进农民住房财产权抵押、担保、转让"的要求，国务院在全国选择若干县（市、区）尽快开展农村宅基地管理制度改革的试点。改革措施在 2017 年 12 月 31 日前试行，对实践证明可行的，修改完善有关法律；对实践证明不宜调整的，恢复施行有关法律规定。从 2016 年开始，全国 33 个县进行征地制度改革、农村经营性建设用地入市改革和宅基地制度改革试点，其中，担负宅基地制度改革试点的县已经将试点成果呈报上级部门进行验收和评估。江西余江、安徽金寨等宅基地改革试点县通过有偿退出和补贴奖励等政策，已经探索出宅基地退出过程的可行路径。佛山市南海区盘活空闲宅基地的做法近年来已被逐渐推广。

为了探索赋予农户更加完整的宅基地用益物权，适度地盘活利用空闲的农房及宅基地，2016 年 12 月，《中共中央、国务院关于深入推进农业供给侧结构性改革加快培育农业农村发展新动能的若干意见》要求，要认真总结农村宅基地制度改革试点经验，在充分保障农户宅基地用益物权，防止外部资本侵占控制的前提下，落实宅基地集体所有权，维护农户依法取得的宅基地占有和使用权，探索农村集体组织以出租合作等方式盘活利用空闲农房及宅基地，增加农民的财产性收入。宅基地制度改革试点在实现"依法公平取得、节约集约使用、自愿有偿退出"的目标上取得积极进展，能有效地指导和推进下一步的工作。

第二节　农村宅基地使用权的取得与确权登记

一、农村宅基地使用权的取得

农村宅基地使用权的取得，是指农户和其他符合法定条件的人通过一定的方式取得农村宅基地使用权的行为。

（一）取得条件

《土地管理法》第 62 条第 1 款规定："农村村民一户只能拥有一处宅基地，其宅基地的面积不得超过省、自治区、直辖市规定的标准。"国土资源部《关于加强农村宅基地管理的意见》的通知中强调："各地应结合本地实际，制定统一的农村宅基地面积标准和宅基地申请条件。不符合申请条件的不得批准宅基地。"农户和其他符合条件的人申请农村宅基地使用权，必须符合下列情况之一：

1. 现在住房影响乡（镇）村建设规划，需要搬迁重建的。

2. 农村居民户除身边留一子女外，其他子女确需另立门户而已有的宅基地低于分户标准的。

3. 经主管部门批准，由外地迁入的农户无住房的。

4. 集体组织招聘的技术人员要求在当地落户且户口已迁入的。

5. 离休、退休、退职的干部职工，复退军人和华侨、侨眷、港澳台同胞持合法证明回原籍定居，需要建房而又无宅基地的。

（二）申请和审批程序

1. 申请。申请人持申请材料向当地村委会提出书面用地申请。村委会应当在每一个季度集中申请材料，依法召开村委会或村民代表大会进行审议，并张榜公布，在张榜公布之日起15个工作日内本村村民未提出异议或者异议不成立的，上报给乡镇国土资源所初审。

2. 现场勘查。乡（镇）人民政府组织国土资源所进行现场勘查和群众调查，审查建房用地和建设申请条件，并制作勘查笔录和审查意见书。

3. 填申请表。国土资源所初审合格后发放《农村村民住宅用地与建设申请表》。

4. 村委会审查。村委会对申请人提交的《农村村民住宅用地与建设申请表》进行审查并签署意见，证明申请人的原住宅用地情况和家庭成员现居住情况，由负责人签字，同时加盖村民委员会公章，报乡（镇）人民政府审核。

5. 审核上报。乡（镇）人民政府在收到村委会上报的住宅建设用地申请材料后完成审核并现场确定规划用地范围，并报县国土资源局初审。县国土资源局对符合审批条件的上报县人民政府。

6. 审批。县人民政府批准用地的，由县国土资源局颁发《建设用地批准书》。

7. 放样。由国土资源所牵头协同乡镇政府人员根据《建设用地批准书》和《村镇建设工程规划许可证》到实地放样，划定范围，填写《放样记录卡》，放样参加人应当在《放样记录卡》上签字。放样后，用地申请人方能动工建设。

8. 验收发证。新建、改建、扩建农村村民住宅，应当自房屋竣工验收合格之日起 30 个工作日内依法申请办理相关登记手续，领取权利证书。

二、农村宅基地使用权审批中的不予批准和限制情形

（一）不得安排宅基地用地的情形

1. 出卖、出租或以其他形式非法转让现有住宅后，再申请宅基地的。《土地管理法》第 62 条规定，农村村民一户只能拥有 1 处宅基地，农村村民出卖、出租住房后，再申请宅基地将不予批准。

2. 一户 1 子（女）有 1 处以上（含 1 处）宅基地的。

3. 户口已迁出不在当地居住的。

4. 年龄未满 18 周岁，又不具备分户条件的。

5. 虽在农村居住而户口未迁来当地的。

6. 其他规定不应建房和安排宅基地用地的。

（二）限制宅基地用地的情形

1. 村民因住房出卖、出租而使宅基地达不到标准或丧失宅基地的，不得再申请宅基地，但因两户的宅基地都达不到标准而相互调剂，经过批准的可以申请宅基地。

2. 严禁以建住宅为名搞房地产开发和炒房地产的行为，对将现有住宅改为经营场所的，除了不再批准新的宅基地外，还应按其经营场所实际占用土地面积，从经营之日起，核收土地使用费。

3. 对于户口已经"农转非"的人员，应适时核减宅基地面积。

三、农村宅基地使用权的确权与登记程序

（一）登记申请

凡是拥有宅基地的土地使用权人，须领取由土地部门统一印发的《农村宅基地使用权申报登记表》，以户为单元，每宗宅基地填写一份。村民使用的宅基地，没有权属来源材料的，应当由所在农民集体或村委会对宅基地使用人、面积、四至范围等进行确认后，公告 30 天无异议，并出具证明，经乡（镇）政府审核，报县政府审定。

（二）地籍调查

国土部门根据土地使用权人的申请，对宅基地范围、界线、界址、权属性质、用途等情况进行实地调查、记录，并经相邻各方认定，填写《宅基地地籍调查表》，绘制宗地草图，为地籍测量作准备。

（三）权属审核

经土地行政主管部门审核，对认为符合登记要求的宗地进行公告，公告内容主要包括：土地使用者的名称、地址，准予登记土地的权属性质、面积、坐落、四至范围等。公告期满，土地权利者及其他土地权益有关者对土地登记审核结果未提出异议的，在农村宅基地使用权登记审批表上签署同意登记发证的意见，由市（县）人民政府领导签章，并加盖市（县）人民政府土地登记专用章。

（四）注册登记

根据《农村宅基地登记审批表》的结果，以宗地（宅基地）为单位逐项填写土地（宅基地）登记卡、土地（宅基地）归户卡及土地（宅基地）证书，并由登记人员和土地行政主管部门主管领导分别在两卡上签字。

（五）颁发或者更换证书

根据国土资源部的部署，农村宅基地使用权、房屋所有权的登记一律"发新停旧"，颁发或者更换统一的不动产权证书时，有关具体情况应在证书的相关栏目载明。

四、农村宅基地使用权的不动产权证书与登记证明

农村宅基地使用权、房屋所有权是不动产统一登记的重要内容，登记部门应按照《不动产登记暂行条例》《不动产登记暂行条例实施细则》《不动产登记操作规范（试行）》等法规政策的规定，颁发统一的不动产权证书。涉及设立抵押权、地役权或者办理预告登记、异议登记的，依法颁发不动产登记证明。编制形成唯一的不动产单元代码。

五、农村宅基地使用权确权登记中的特殊情况处理

（一）"一户多宅"问题处理

宅基地使用权应按照"一户一宅"的要求，确权登记到"户"。符合当地分户建房条件而未分户，但未经批准另行建房分开居住的，其新建房屋占用的宅基地符合相关规划，经本农村集体经济组织同意并公告无异议的，按规定补办有关用地手续后，依法予以确权登记；未分开居住的，其实际使用的宅基地没有超过分户后建房用地合计面积标准的，依法按照实际使用面积予以确权登记。

（二）宅基地超面积问题处理

农村集体经济组织成员经过批准建房占用宅基地的，按照批准面积予以确权登记。未履行批准手续建房占用宅基地的，按以下规定处理：于1982年《村镇建房用地管理条例》实施前，农村集体经济组织成员建房占用的宅基地，范围在《村镇建房用地管理条例》实施后至今未扩大的，无论其是否超过之后当地规定面积标准，均按实际使用面积予以确权登记。1982年《村镇建房用地管理条例》实施起至1987年《土地管理法》实施时止，农村集体经济组织成员建房占用的宅基地，超过当地规定面积标准的，超过面积按国家和地方有关规定处理的结果予以确权登记。1987年《土地管理法》实施后，农村集体经济组织成员建房占用的宅基地，符合规划但超过当地面积标准的，在补办相关用地手续后，依法对标准面积予以确权登记，超占面积在登记簿和权属证书附记栏中注明。

历史上接受转让、赠与房屋所占用的宅基地超过当地规定面积标准的，按照转让、赠与行为发生时对宅基地超面积标准的政策规定，予以确权登记。

（三）非本村集体经济组织成员取得宅基地使用权问题处理

非本村集体经济组织成员因扶贫搬迁、地质灾害防治、新农村建设、移民安置等按照政府统一规划和批准使用宅基地的，在退出原宅基地并注销登记后，依法确定新建房屋占用的宅基地使用权。

1982年《村镇建房用地管理条例》实施前，非农业户口居民（含华侨）合法取得的宅基地或因合法取得房屋而占用的宅基地，范围在《村镇建房用地管理条例》实施后至今未扩大的，可按实际使用面积予以确权登记。1982年《村镇建房用地管理条例》实施起至1999年《土地管理法》修订实施时止，非农业户口居民（含华侨）合法取得的宅基地或因合法取得房屋而占用的宅基地，按照批准面积予以确权登记，超过批准的面积在登记簿和权属证书附记栏中注明。

（四）农村妇女的宅基地权益问题处理

农村妇女作为家庭成员，其宅基地权益应记载到不动产登记簿及权属证书上。农村妇女因婚嫁离开原农民集体，取得新家庭宅基地使用权的，应依法予以确权登记，同时注销其原宅基地使用权。

第三节　农村宅基地使用权的流转与抵押

一、农村宅基地使用权的流转

（一）宅基地只能在本村集体经济组织内流转

依照现行法律的规定，农村宅基地使用权的流转仅限于本村集体经济组织内部成员。根据《物权法》第152、153条的规定，宅基地使用权人依法对集体所有的土地享有占有和使用的权利，有权依法利用该土地建造住宅及其附属设施。宅基地使用权的取得、行使和转让，适用《土地管理法》及国家有关规定。根据《土地管理法》的规定，农村宅基地属于集体所有，宅基地既不能买卖，也不能继承，但可以在本集体经济组织内流转，经过土地管理部门依法批准，发放证件。

（二）法律对农村宅基地使用权流转的限制

农村集体经济组织为保障农户生活需要而拨给农户建造房屋及小庭院使用的土地，用于建造住房、辅助用房（厨房、仓库、厕所）、庭院、沼气池、禽兽舍、柴草堆放处等，农户只有使用权，不得买卖、出租和非法转让。房屋出卖后，宅基地的使用权随之转给受让人。房屋出租期间，宅基地的使用权归承租人享有。出卖、出租房屋后再申请宅基地的，不予批准。

（三）农村宅基地使用权流转的改革试点

2015年1月，中共中央办公厅、国务院办公厅印发《关于农村土地、集体经营性建设用地入市、宅基地制度改革试点工作的意见》，标志我国农村宅基地制度改革进入试点阶段。针对农户宅基地取得困难、利用粗放、退出不畅等问题，《关于农村土地、集体经营性建设用地入市、宅基地制度改革试点工作的意见》提出，要完善宅基地权益保障和取得方式，探索农民住房保障在不同区域户有所居的多种实现形式；对因历史原因形成超标准占用宅基地和一户多宅等情况，探索实行有偿使用的方式；探索进城落户农民在本集体经济组织内部自愿有偿退出或转让宅基地；改革宅基地审批制度，发挥村民自治组织的民主管理作用。虽然农村宅基地目前只在农民集体之间流转，但将来有可能会逐步放开流转对象身份，宅基地使用权流转制度将越来越完善。

二、农村宅基地使用权抵押

（一）我国现行法律明文规定宅基地使用权不得抵押

根据《物权法》第 184 条规定和《担保法》第 37 条的规定，宅基地、自留地、自留山等集体所有的土地使用权不得抵押。

（二）农村宅基地使用权抵押贷款启动试点

为了落实农村土地的用益物权，赋予农民更多财产权利，深化农村金融改革创新，有效盘活农村资源、资金、资产，为稳步推进农村土地制度改革提供经验和模式，第十二届全国人民代表大会常务委员会第十八次会议决定：授权国务院在天津市蓟县等 59 个试点县（市、区）行政区域暂时调整实施《物权法》《担保法》关于集体所有的宅基地使用权不得抵押的规定。调整在 2017 年 12 月 31 日前试行。

当前，宅基地使用权抵押面临的障碍是缺乏抵押融资的制度及配套措施。宅基地管理监督、宅基地有偿退出和集体经济组织权利保障制度的缺失，制约了宅基地使用权抵押贷款的发展。2016 年 3 月，中国人民银行等六部委发布《农民住房财产权抵押贷款试点暂行办法》，农村宅基地使用权抵押贷款开始"试水"，目的是积极探索宅基地抵押的有效途径，总结、推广经验做法，完善宅基地管理监督制度，建立完善宅基地有偿退出制度，建立完善农村集体经济组织成员权利保障制度，适时修订法律，通过宅基地使用制度改革，激活农村金融体制改革。

三、农村房屋所有权转移引起的宅基地使用权转移

宅基地使用权随房屋转移。农村房屋发生买卖、继承、赠与等法律事由的，其所占宅基地的使用权随房屋所有权而转移。

《物权法》第 153 条规定："宅基地使用权的取得、行使和转让，适用土地

管理法等法律和国家有关规定。"在我国，建筑物、其他附着物的归属虽然具有相对独立性，但在转让中必须实行"房地一致"的原则，避免出现"空中楼阁"的尴尬局面。我国建立不动产统一登记制度以后，实行"房随地走"或"地随房走"政策，该政策作为实现房地一致的方式之一，已经在法律实践和社会生活中得到普遍接受。

🔍 案例简析

导入案例是一起宅基地使用权转让合同纠纷。

本案的争议焦点：

1. 曾某能否取得这份宅基地的使用权。

2. 曾某与王某的宅基地使用权转让合同是否有效。

根据法律的规定，结合案情，分析如下：

1. 曾某不能取得这份宅基地的使用权。《土地管理法》第62条第1款规定："农村村民一户只能拥有一处宅基地，其宅基地的面积不得超过省、自治区、直辖市规定的标准。"根据"一户一宅"原则，曾某在已拥有宅基地的情况下，不能取得这块宅基地的使用权。

2. 曾某与王某的宅基地使用权转让合同无效。根据《合同法》第52条之规定，违反法律、行政法规的强制性规定的合同视为无效合同。从本案来看，该宅基地使用权转让合同因违反土地管理法规定，为无效合同。

因曾某与王某的宅基地使用权转让合同为无效合同，王某不能取得宅基地的使用权，王某建房的权益不受法律保护。因此，邻居张某不构成对王某的侵权，人民法院应当驳回王某的诉讼请求。

📝 作业练习

一、判断题

1. 农村村民建住宅，应当符合乡（镇）土地利用总体规划。（　　　）

2. 农村村民出卖、出租住房后，再申请宅基地的，可以批准。（　　　）

3. 农村村民建住宅，应当向集体土地所有者和村民委员会提出书面申请，经乡（镇）人民政府审核，报县级人民政府批准。（　　　）

4. 原有宅基地的面积已经达到规定标准或者能够解决分户需要的农村村民，申请宅基地的不予批准。（　　）

5. 在审批宅基地时，可以向农民收取新增建设用地土地有偿使用费用。（　　）

二、选择题

1. 下列用地不属于农村宅基地的是（　　）。

A. 住房用地 　　　　　　　　B. 附属用房用地

C. 专业晒谷场用地 　　　　　D. 小庭院用地

2. 农村村民建住宅，应当向（　　）提出书面申请，经乡镇人民政府审核，报县级人民政府批准。

A. 乡镇人民政府 　　　　　　B. 县级国土资源局

C. 县级人民政府 　　　　　　D. 集体土地所有者和村民委员会

3. 农村村民使用（　　）建住宅的，应当依法办理土地征用手续。

A. 本集体经济组织以外的集体土地

B. 耕地

C. 本集体经济组织所有土地

D. 林地

4. 下列哪一种情形，农村村民可以申请宅基地。（　　）

A. 农村村民户无宅基地的

B. 年龄未满 18 周岁的

C. 原有宅基地的面积已经达到规定标准的

D. 将原有住房出卖、出租或赠与他人的

5. 农村村民将原有住房出卖、出租或赠与他人后，再申请宅基地的是否可以批准。（　　）

A. 不予批准 　　　　　　　　B. 可以批准

第五章　农村集体建设用地
使用权法律实务

🔖 **学习目标**

通过本章的学习，你将能够：

1. 陈述农村集体建设用地立法概况。

2. 概述农村集体建设用地基本法律制度。

3. 描述农村集体建设用地使用权制度改革方向。

4. 处理农村集体建设用地法律实务。

🔖 **案例导入**

　　1986 年 10 月，荷叶村村民刘某和熊某合伙出资，以村办企业名义申办了红杉造纸厂，经村集体报请县政府审批同意，红杉造纸厂获得 20 亩土地。两人各占用 10 亩土地，分别建立并经营一个车间，共用一套工商、税务登记资料与企业印章。后来，熊某不幸遭遇车祸身亡，熊某的继承人将 10 亩土地的使用权折价为 5 万元出让给刘某。刘某一个人继续经营。2011 年，国家淘汰落后产能，红杉造纸厂因污染环境被迫关闭。村集体因没有实际出资，也没有获得多少利益，便不再认可刘某的村办企业。刘某将厂房改为农产品加工与储存场所，继续经营。在 2014 年的土地确权登记中，村委会觉得对这块土地的使用权拿不定主意，于是到乡司法所咨询。

（来源：湖南省宁乡市城郊乡司法所）

　　这是一个农村集体建设用地使用权确权登记的问题，涉及土地管理法和有关的政策的适用。假如你是司法所的接待人员，你认为刘某能否获得这块土地的使用权？从程序上来说，应当如何办理这块土地的确权登记手续？如果你不能回答以上问题，请学习本章的知识。

🔊 知识学习

第一节　农村集体建设用地使用权概述

一、农村集体建设用地立法概况

农村的建设用地分为宅基地和集体建设用地两大类，其中，集体建设用地又分为公益性公共设施用地和集体经营性建设用地。关于农村集体建设用地，我国没有专门的立法。有关农村集体建设用地的法律规范和政策规范，分别存在于相关的法律法规与政策文件之中。

《物权法》第151条规定："集体所有的土地作为建设用地的，应当依照土地管理法等法律规定办理。"《土地管理法》第43条第1款规定："任何单位和个人进行建设，需要使用土地的，必须依法申请使用国有土地；但是，兴办乡镇企业和村民建设住宅经依法批准使用本集体经济组织农民集体所有的土地的，或者乡（镇）村公共设施和公益事业建设经依法批准使用农民集体所有的土地的除外。"《土地管理法》第59条规定："乡镇企业、乡（镇）村公共设施、公益事业、农村村民住宅等乡（镇）村建设，应当按照村庄和集镇规划，合理布局，综合开发，配套建设；建设用地，应当符合乡（镇）土地利用总体规划和土地利用年度计划，并依照本法第44条、第60条、第61条、第62条的规定办理审批手续。"《土地管理法实施条例》第13条第1款规定："各级人民政府应当加强土地利用年度计划管理，实行建设用地总量控制。土地利用年度计划一经批准下达，必须严格执行。"《村庄和集镇规划建设管理条例》第9条规定："村庄、集镇规划的编制，应当遵循下列原则：……③合理用地，节约用地，各项建设应当相对集中，充分利用原有建设用地，新建、扩建工程及住宅应当尽量不占用耕地和林地；……"关于集体建设用地使用权的确权登记工作，2011年5月，《国土资源部、财政部、农业部关于加快推进农村集体土地确权登记发证工作的通知》提出："加快农村集体土地所有权、宅基地使用权、集体建设用地使用权等确权登记发证工作""凡是依法进入市场流转的经营性集体建设用地使用权，必须经过确权登记，做到产权明晰、四至清楚、没有纠纷，没有经过确权登记的集体建设用地使用权一律禁止流转"；2011 年 11 月，《国土资源部、中央农村工作领导小组办公室、财政部、农业部关于农村集体土地确权登记发证的若干意见》提出："农村集体土地使用权包括宅基地使用权、集体建设用地使用权等""凡依法使用集体建设用地的单位或个人应申请确权登记"；2014 年 8 月，国土资源部、财政部、住房和城乡建设部等部委联合发出《国土资源部、财政部、住房和城乡建设部等关于进一步加快推进宅基地和集体建设用地使用权确权登记发证工作的通知》，全面阐明了宅基地和集体建设用地使用权确权登记发证的重大意义，重申了不同的历史阶段对超面积的宅基地进行确权登记发证的具体政策，并提出顺利推进宅基地和集体建设用地使用权确权登记工作的具体保障措施；2015 年 3 月实施的《不动产登记暂行条例》，明确规定将集体建设用地使用权作为一项独立的不动产权利进行登记；2016 年 12 月，《国土资源部关于进一步加快宅基地和集体建设用地确权登记发证有关问题的通知》提出："农村宅基地和集体建设用地使用权以及房屋所有权是不动产统一登记的重要内容，各地要按照《不动产登记暂行条例》《不动产登记暂行条例实施细则》《不动产登记操作规范（试行）》等法规政策规定，颁发统一的不动产权证书。""宅基地、集体建设用地和房屋等定着物应一并划定不动产单元，编制不动产单元代码。"

二、农村集体建设用地和设施农用地的相同点与区别

（一）设施农用地的概念和分类

2014 年 9 月，《国土资源部、农业部关于进一步支持设施农业健康发展的通知》，对设施农用地的概念、分类和备案管理等作出了规定。设施农用地，是指用于农产品生产、设施农业项目的辅助生产和配套的设施用地。在土地类型上属于农用地，而不是建设用地。设施农用地具体又分为生产设施用地、附属设施用地以及配套设施用地。生产设施用地，是指在设施农业项目区域内直接用于农产品生产的设施用地。附属设施用地，是指直接于设施农业项目的辅助生产的设施

用地。配套设施用地，是指农业专业大户、家庭农场、农民合作社、农业企业等规模经营者从事规模化粮食生产所必需的配套设施用地。

（二）农村集体建设用地和设施农用地的共同点

农村土地中，设施农用地和农村集体建设用地具有某些相同的特点：

1. 两者都属于集体所有。

2. 使用时，都必须符合所在乡镇的用地总体规划。

3. 都用于农村的项目建设，在地面或地下建设了建筑物或构筑物。

4. 都需要和村民集体签订用地合同或用地协议。

5. 用地合同或协议和建设方案都需要报县级国土资源主管部门审批或备案。

（三）农村集体建设用地和设施农用地的区别

1. 土地类型不同。农村集体建设用地属于建设用地类型，按建设用地管理；设施农用地属于农用地类型，直接用于或者服务于农业生产，按农用地管理。

2. 使用期限不同。农村集体建设用地的使用期限长，一般没有设定期限；设施农用地的使用期限短，一般和生产项目的期限相同。

3. 后续管理不同。农村集体建设用地投入使用以后，建成的房屋和配套设施连同土地一起办理不动产登记；设施农用地的生产项目结束后，经营者应按相关规定进行土地复垦，占用耕地的应复垦为耕地。

4. 占地进行项目建设的审批手续不同。集体建设用地占用设施农用地或其他农用地的，应依法办理农用地转用审批手续，履行耕地占补平衡义务；设施农用地经有关部门备案后，可以直接用于农业设施建设，不需办理农用地转用审批手续。

（四）容易混淆的农村集体建设用地和设施农用地的归类

1. 以下用地属于农村集体建设用地：

（1）经营性粮食存储、加工和农机农资存放、维修场所。

（2）以农业为依托的休闲观光度假场所、各类庄园、酒庄、农家乐。

（3）各类农业园区中涉及建设永久性餐饮、住宿、会议、大型停车场、工厂化农产品加工、展销等用地。

2. 以下用地属于设施农用地：

（1）生产设施用地：工厂化作物栽培中有钢架结构的玻璃或 PC 板连栋温室用地等；规模化养殖中畜禽舍（含场区内通道）、畜禽有机物处置等生产设施及绿化隔离带用地；水产养殖池塘、工厂化养殖池和进排水渠道等水产养殖的生产设施用地；育种育苗场所、简易的生产看护房（单层，小于 15 平方米）用地等。

（2）附属设施用地：设施农业生产中必需配套的检验检疫监测、动植物疫病虫害防控等技术设施以及必要管理用房用地；设施农业生产中必需配套的畜禽养殖粪便、污水等废弃物收集、存储、处理等环保设施用地，生物质（有机）肥料生产设施用地；设施农业生产中所必需的设备、原料、农产品临时存储、分拣包装场所用地，符合"农村道路"规定的场内道路等用地。

（3）配套设施用地：晾晒场、粮食烘干设施、粮食和农资临时存放场所、大型农机具临时存放场所等用地。

三、农村集体建设用地使用权的主体

（一）农村公益事业组织和组（村、乡）农民集体

村委会办公室、医疗教育卫生文化等公益事业建设用地，其使用权的主体分别是村民委员会、农民集体创办的学校、幼儿园、医疗机构、文化机构等公益事业单位，农村公共设施建设用地使用权的主体是组（村、乡）农民集体。

（二）乡镇企业、合伙企业和个人独资企业

乡镇企业、村民个人合伙企业和村民个人独资企业，经依法批准用于厂房等生产经营场所建设的用地，其使用权的主体分别是乡镇企业、村民个人合伙企业和村民个人独资企业。

（三）个体工商户和农村承包经营户

个体工商户和农村承包经营户经依法批准用于农副产品加工与销售、乡村旅游观光与接待的经营场所等非农建设用地，其使用权的主体分别是个体工商户和农村承包经营户。

四、农村集体建设用地使用权的权能

农村集体建设用地使用权作为一种用益物权，具有以下权能：

（一）占有

农村集体建设用地使用权人依法对集体所有的农村集体建设用地享有占有的权利，村民集体和其他组织、个人不得妨碍和侵害。

（二）使用

农村集体建设用地使用权人有权依法利用农村集体建设用地建造经批准的厂房等生产经营场所、公共设施、公益设施及其附属设施，有权对农村集体建设用地上的房屋、设施进行维修和改建。

（三）收益

农村集体建设用地使用权人有权获得农村集体建设用地使用的收益，如农村集体组织以出租合作等方式盘活利用空闲厂房及农村集体建设用地获得的收益。

（四）流转

根据《土地管理法》第 63 条的规定，农村集体建设用地使用权一般不得出让、转让；但是，在符合土地利用总体规划的条件下，农村集体建设用地使用权可能因主体破产、兼并等情形而发生转移。在农村土地制度改革试点的相应地区，农村集体经营性建设用地使用权可以和国有土地一样入市流转。

第二节　农村集体建设用地使用权的取得

一、农村集体建设用地使用权的划拨取得

根据《土地管理法》第 44、60、61 条，《村庄和集镇规划建设管理条例》（1993 年 6 月 29 日颁布）第 19 条和第 20 条，国土资源部《建设用地审查报批管理办法》（2016 年第二次修正）的规定，农村集体建设用地使用权主要以划拨方式取得。

（一）申请和批准集体建设用地使用权的情形

1. 农村集体经济组织使用乡（镇）土地利用总体规划确定的建设用地兴

办企业或者与其他单位、个人以土地使用权入股、联营等形式共同举办企业的，应当持有关批准文件，向县级以上地方人民政府土地行政主管部门提出申请，按照省、自治区、直辖市规定的批准权限，由县级以上地方人民政府批准。

2. 乡（镇）村公共设施、公益事业建设，需要使用土地的，经乡（镇）人民政府审核，向县级以上地方人民政府土地行政主管部门提出申请，按照省、自治区、直辖市规定的批准权限，由县级以上地方人民政府批准。

（二）划拨取得集体建设用地使用权的条件

1. 拟用土地性质为集体建设用地，属于存量集体建设用地，或已完成农用地转用及补偿的新增集体建设用地，土地权属无争议。

2. 符合土地利用总体规划和城乡规划。

3. 取得项目审批（核准、备案）文件齐全。

4. 取得建设用地规划许可证、规划设计要点、规划部门审定的建设项目规划平面布置图。

5. 建设单位与集体土地所有者签订使用集体建设用地合同。

6. 申请人为所在地农村集体经济组织或其他公共利益代表。

（三）划拨取得集体建设用地使用权的程序

1. 项目立项。用地单位到区、县发改部门办理建设项目立项手续，取得项目审批（核准、备案）文件。

2. 规划审批。用地单位到区、县规划建设部门办理项目规划批准文件，取得建设用地规划许可证、规划设计要点、规划部门审定的建设项目规划平面布置图。

3. 签订用地合同。建设单位与集体土地所有者签订使用集体建设用地合同，或取得集体土地所有者和原使用者书面同意。

4. 用地申请。用地单位填写《建设用地申请表》，附具建设项目用地预审意见，建设项目批准、核准或者备案文件，建设项目初步设计批准或者审核文件，向所在区、县的国土资源主管部门提出用地申请。拟占用农用地的，还应当提出补充耕地方案。农用地转用方案、补充耕地方案和供地方案经有批准权的人民政府批准后，由同级国土资源主管部门批复。

5. 勘测定界。县级国土资源主管部门开具勘测定界联系单，并根据规划批准用地范围勘测定界。

6. 审核报批。县级国土资源主管部门对是否符合土地利用规划和用地条件进行审核，审核同意后报所在区县人民政府审批。

7. 核发证书。县级人民政府批准后，国土资源主管部门核发用地批准通知书，用地单位凭用地批准通知书等相关资料，申请集体建设用地土地登记，办理《集体建设用地使用权证》。

二、农村集体建设用地使用权的受让取得

虽然现行法律限制农村集体建设用地使用权的流转，但是，根据《土地管理法》第 63 条的规定，符合土地利用总体规划并依法取得农村集体建设用地的企业，因破产、兼并等情形，致使土地使用权依法发生转移的，允许农民集体所有的建设用地的使用权流转。在这种情形之下，受让人通过不动产登记机构依法变更土地使用权登记信息，以自己名义申请办理《集体建设用地使用权证》，取得农村集体建设用地的使用权。以这种方式取得农村集体建设用地使用权，在程序上和国有土地使用权的取得没有区别。

第三节　农村集体经营性建设用地使用权的确权登记

根据《土地管理法》第 11 条和《土地管理法实施条例》第 4 条的规定，农民集体所有的土地依法用于非农业建设的，由土地使用者向土地所在地的县级人民政府土地行政主管部门提出土地登记申请。县级以上人民政府对材料进行审核后，登记造册，核发证书，确认建设用地使用权。设区的市人民政府可以对市辖区内农民集体所有的土地实行统一登记。

但是，在实践中，由于种种原因，许多地方的农村集体建设用地使用权并没有按照规定进行确权登记。为此，国土资源部单独或会同有关部委先后颁发《国土资源部、中央农村工作领导小组办公室、财政部、农业部关于农村集体土地确权登记发证的若干意见》（国土资发〔2011〕178号）、《国土资源部、财政部、住房和城乡建设部等关于进一步加快推进宅基地和集体建设用地使用权确权登记发证工作的通知》（国土资发〔2014〕101号）和《国土资源部关于进一步加快宅基地和集体建设用地确权登记发证有关问题的通知》（国土资发〔2016〕191号），对农村集体建设用地确权登记发证工作做出了部署。

一、农村集体建设用地使用权确权登记基本要求

（一）确权登记的范围

村委会办公室、医疗教育卫生等公益事业和公共设施用地、乡镇企业用地及其他经依法批准用于非住宅建设的集体土地，应当依法进行确权登记发证，确认集体建设用地使用权。

（二）申请确权登记的主体

凡依法使用集体建设用地的单位或个人应申请确权登记。必须将集体土地使用权依法确认到每个权利主体。

（三）确权登记的方式

农村集体建设用地使用权以及房屋所有权是不动产统一登记的重要内容，各地必须按照《不动产登记暂行条例》《不动产登记暂行条例实施细则》《不动产登记操作规范（试行）》等法规政策规定，整合不动产统一登记职责机构，实现不动产登记"发新停旧"，颁发统一的不动产权证书。涉及设立抵押权、地役权或者办理预告登记、异议登记的，依法颁发不动产登记证明。

（四）纳入房地一体的权籍调查范围

各地因地制宜，将集体建设用地上的定着物纳入房地一体的农村权籍调查工作范围。对于尚未开展农村地籍调查的集体建设用地，采用总调查的模式，由县级以上地方人民政府统一组织开展房地一体的权籍调查。农村权籍调查不得收费，不得增加农民负担。

农村权籍调查中的房屋调查要执行《农村地籍和房屋调查技术方案（试行）》有关要求。集体建设用地和房屋等定着物应一并划定不动产单元，编制形成唯一的不动产单元代码。

（五）公示权属调查结果

县级以上地方人民政府统一组织集体建设用地和房屋首次登记，权属调查成果在本集体经济组织范围内公示。开展农村房地一体权籍调查时，不动产登记机构应将集体建设用地和房屋的权属调查结果送达农村集体经济组织，并要求在村民会议或村民代表会议上说明，以张贴公告等形式公示权属调查结果。对于外出务工人员较多的地区，可通过电话、微信等方式将权属调查结果告知权利人及利害关系人。

二、没有权属来源证明的农村集体建设用地的确权登记

对于没有权属来源证明的集体建设用地，由所在农民集体或村委会查明土地历史使用情况和现状，认定合法使用的，由村委会出具证明并公告 30 天无异议的，经乡（镇）人民政府审核，报县级人民政府审定，属于合法使用的，予以确权登记。

三、违法使用农村集体建设用地的确权登记

违法使用集体建设用地的，应当查明土地历史使用情况和现状，对符合土地利用总体规划与村镇规划以及有关用地政策的，依法补办用地批准手续后，进行确权，登记发证。严格禁止对违法用地未经依法处理就登记发证。

四、分阶段依法确定农村集体建设用地使用权

1987 年《土地管理法》实施前，使用集体土地兴办乡（镇）村公益事业和公共设施，经所在乡（镇）人民政府审核后，可依法确定使用单位集体建设用地使用权。乡镇企业用地和其他经依法批准用于非住宅建设的集体土地，至今仍继续使用的，经所在农民集体同意，报乡（镇）人民政府审核后，依法确定使用单位集体建设用地使用权。1987 年《土地管理法》实施后，乡（镇）村公益事业和公共设施用地、乡镇企业用地和其他经依法批准用于非住宅建设的集体土地，应当依据县级以上人民政府批准文件，确定使用单位集体建设用地使用权。

第四节　农村集体经营性建设用地
流转和改革试点

一、现行法律严格控制农民集体建设用地使用权流转范围

农村集体建设用地使用权的流转，一直受到法律的各种限制。比如，《土地管理法》第 63 条规定："农民集体所有的土地的使用权不得出让、转让或者出租用于非农业建设；但是，符合土地利用总体规划并依法取得建设用地的企业，因破产、兼并等情形致使土地使用权依法发生转移的除外。"这就表明，按《土地管理法》的规定，农村集体建设用地不得出让、转让或者出租，惟一的例外是，在乡镇企业与城市企业联营、入股或发生破产、兼并等情形时，土地使用权可以发生转移。符合土地利用总体规划并依法取得建设用地的企业发生破产、兼并等情形时，所涉及的农民集体所有建设用地使用权方可依法转移。其他农民集体所有建设用地使用权流转，必须是符合规划、依法取得的建设用地，并不得用于商品住宅开发。《物权法》第 183 条规定："乡镇、村企业的建设用地使用权不得单独抵押。以乡镇、村企业的厂房等建筑物抵押的，其占用范围内的建设用地使用权一并抵押。"第 201 条规定："依照本法第 180 条第 1 款第 3 项规定的土地承包经营权抵押的，或者依照本法第 183 条规定以乡镇、村企业的厂房等建筑物占用范围内的建设用地使用权一并抵押的，实现抵押权后，未经法定程序，不得改变土地所有权的性质和土地用途。"法律对于农村集体建设用地使用权流转的限制，固化了城乡土地二元结构体制，基本上将农村集体建设用地排除在建设用地市场之外，人为造成了同地段建设用地因集体所有和国家所有性质的不同而价格差异巨大的不公平局面。

二、农村集体经营性建设用地使用权入市试点

为了保障农村集体经济组织和农民有机会公平分享土地增值收益，促进公平，《中共中央关于全面深化改革若干重大问题的决定》提出，在符合规划和用途管制的前提下，允许农村集体经营性建设用地出让、租赁、入股，实行与国有

土地同等入市、同权同价，加快建立农村集体经营性建设用地产权流转和增值收益分配制度。

农村集体经营性建设用地，是指具有生产经营性质的农村建设用地，包括农村集体经济组织使用乡（镇）土地利用总体规划确定的建设用地兴办企业或者与其他单位、个人以土地使用权入股、联营等形式共同举办企业、商业所使用的农村集体建设用地，如过去的乡镇企业和招商引资用地。据国土资源部 2013 年初步统计，我国存量集体经营性建设用地有 4200 余万亩。截至 2016 年底，全国 15 个农村集体经营性建设用地入市试点地区入市地块共计 226 宗，面积 3650.58 亩，总价款 46.77 亿元。

2016 年 9 月，中央决定进一步统筹协调推进试点，把土地征收制度改革和农村集体经营性建设用地入市改革扩大到现有的 33 个试点地区。按照政策要求，试点行政区域只允许集体经营性建设用地入市，非经营性集体建设用地不得入市。入市要符合规划、用途管制和依法取得的条件。入市范围限定在存量用地。

为试点集体经营性建设用地入市，国务院提请全国人大常委会授权，在 33 个试点县（市、区）暂时停止实施《土地管理法》第 43 条和第 63 条、《城市房地产管理法》第 9 条关于集体建设用地使用权不得出让等的规定，明确在符合规划、用途管制和依法取得的前提下，允许存量农村集体经营性建设用地使用权出让、租赁、入股，实现与国有建设用地使用权同等入市、同权同价。

这一改革试点的风险管控措施是，农村集体经营性建设用地入市有两个前提条件：符合规划、用途管制。比如大兴区，《北京市土地利用总体规划》是北京市政府审批的，辖区内各乡镇的规划是北京市国土局审批的，都具有法律效力，不能轻易调整；土地用途已按农用地、建设用地进行了明确，凡是农用地转为非农建设用地，都必须经过严格的审批。用途管制与符合规划这两个前提条件，可有效管控农村可流转土地的范围。

和以上试点相呼应，《土地管理法（修正案）》第 25 条提出增加一个条文，作为第 63 条："国家建立城乡统一的建设用地市场。符合土地利用总体规划的集体经营性建设用地，集体土地所有权人可以采取出让、租赁、作价出资或者入股等方式由单位或者个人使用，并签订书面合同。按照前款规定取得的集体经营性建设用地使用权可以转让、出租或者抵押。"这次修改，将集体经营性建设用地与国有建设用地市场交易制度相衔接，实现同地同权。修正案对集体经营性建设用地入市的范围、条件等进行了原则性规定，明确符合土地利用总体规划的集体经营性建设用地，土地所有权人可以采取出让、租赁、作价出资或者入股等方式，由单位或者个人使用。集体经营性建设用地使用权可以转让、出租、抵押。集体经营性建设用地出让转让的办法，由国务院另行制定。

三、利用农村集体建设用地建设租赁住房试点

2017 年 8 月，国土资源部、住房城乡建设部为增加租赁住房供应，缓解住房供需矛盾，构建购租并举的住房体系，建立健全房地产平稳健康发展长效机制，发布《利用集体建设用地建设租赁住房试点方案》，开展利用集体建设用地建设租赁住房试点工作。

（一）基本原则

1. 把握正确方向。坚持市场经济改革方向，发挥市场配置资源的决定性作用，与不动产统一登记、培育和发展住房租赁市场、集体经营性建设用地入市等改革协同进行。牢牢把握"房子是用来住的，不是用来炒的"这一定位，以构建购租并举的住房体系为方向，提高存量土地节约集约利用水平，促进建立房地产平稳健康发展长效机制。

2. 保证有序可控。坚持政府主导，审慎稳妥推进方案，项目用地必须符合土地利用总体规划，以存量土地为主，不得占用耕地，保障依法依规建设、平稳有序运营。

3. 坚持自主运作。尊重农民集体意愿，维护权利人合法权益，确保集体经济组织自愿实施、自主运作。

4. 提高服务效能。强化政府服务意识，优化审批流程，降低交易成本，提升服务水平，提高办事效率，方便群众办事。

（二）试点目标

通过改革试点，成功运营一批集体租赁住房项目，建立利用集体建设用地建设租赁住房的规则，形成可复制、可推广的改革成果，支撑城乡统一的建设用地市场的构建。

（三）试点范围

在超大、特大城市和国务院有关部委批准的发展住房租赁市场试点城市中，确定租赁住房需求较大、村镇集体经济组织有建设意愿和资金来源较多、政府监管与服务能力较强的城市，开展试点。首批试点城市为北京市，上海市，辽宁沈阳市，江苏南京市，浙江杭州市，安徽合肥市，福建厦门市，河南郑州市，湖北武汉市，广东广州市、佛山市、肇庆市，四川成都市。

（四）完善试点项目审批程序

试点城市应当梳理项目报批（包括预审、立项、规划、占地、施工）、项目竣工验收、项目运营管理等规范性程序，建立快速审批通道。健全集体建设用地规划许可制度，推进统一规划、统筹布局、统一管理，统一相关建设标准。试点项目区域应当基础设施完备，医疗、教育等公共设施配套齐全，符合城镇住房规划设计有关规范。

（五）探索和完善机制

1. 完善集体租赁住房建设和运营机制。村镇集体经济组织可以自行开发运营，或通过联营、入股等方式建设运营。完善监管机制，保证土地所有权人和建设用地使用权人、出租人和承租人依法履行合同和登记文件中所载明的权利和义务。

2. 探索租赁住房监测监管机制。集体租赁住房出租，不得以租代售。承租人不得转租。国土资源、住房城乡建设部门应与相关部门加强协作、各负其责，构建规范有序的租赁市场秩序。

3. 探索保障承租人获得基本公共服务的权利。承租人可按照国家有关规定凭登记备案的住房租赁合同依法申领居住证，享受规定的基本公共服务。建立健全对非本地户籍承租人的社会保障机制。

案例简析

这是一起集体经营性建设用地确权登记纠纷案件。

集体经营性建设用地确权登记应当分阶段进行。1987 年《土地管理法》实施前，使用集体土地兴办乡（镇）村公益事业和公共设施，经所在乡（镇）人民政府审核后，可依法确定使用单位集体建设用地使用权。乡镇企业用地和其他经依法批准用于非住宅建设的集体土地，至今仍继续使用的，经所在农民集体同意，报乡（镇）人民政府审核后，依法确定使用单位集体建设用地使用权。

本案中，刘某使用的农产品加工与储存场地，是 1986 年经批准使用的乡镇企业用地。至今仍继续使用，虽然没有领取权属证书，但是，村民委员会主任和多位村民均可证明刘某的使用权，该土地所属的村民小组农户一致同意将使用权确定给刘某。因此，其所在农民集体已经同意，应报乡（镇）人民政府审核后，依法确定使用人刘某的集体建设用地使用权。

作业练习

一、判断题

1. 农村的建设用地分为宅基地和集体建设用地两大类，其中，集体建设用地又分为公益性公共设施用地和集体经营性建设用地。（　　　）

2. 设施农用地，是指用于农产品生产、设施农业项目的辅助生产和配套的设施用地。在土地类型上属于建设用地，而不是农用地。（　　　）

3. 凡依法使用集体建设用地的单位或个人应申请确权登记。必须将集体土地使用权依法确认到每个权利主体。（　　　）

4. 农村集体建设用地使用权主要以划拨方式取得。（　　　）

5. 2017 年 8 月，我国正式开展利用集体建设用地建设租赁住房试点。（　　　）

二、选择题

1. （　　　）场所用地属于农村集体建设用地。

A. 经营性粮食存储、加工　　　B. 农机农资存放、维修

C. 以农业为依托的休闲观光度假　　D. 各类农家乐

2. （　　　）是农村集体建设用地使用权的主体之一。

A. 村民委员会　　　　　　　B. 村医务室

C. 乡镇企业　　　　　　　　D. 村幼儿园

3. （　　　）是划拨取得集体建设用地使用权的条件之一。

A. 符合土地利用总体规划和城乡规划

B. 取得项目审批（核准、备案）文件齐全

C. 取得建设用地规划许可证、规划设计要点

D. 建设单位与集体土地所有者签订使用集体建设用地合同

4. （　　）是农村集体经营性建设用地入市的控制措施之。

A. 用途管制　　　　　　　　B. 符合硅规划

C. 限于使用存量土地　　　　D. 加强过程监督

5. 在超大、特大城市和国务院有关部委批准的发展住房租赁市场试点城市中，确定部分城市开展利用农村集体经营性建设用地建设租赁住房试点。（　　）为首批试点城市之一。

A. 浙江杭州市　　　　　　　B. 辽宁沈阳市

C. 福建厦门市　　　　　　　D. 湖北武汉市

第六章　农村土地征收法律实务

学习目标

通过本章的学习，你将能够：

1. 陈述农村土地征收的概念、原则和条件。

2. 概述农村土地征收法律制度。

3. 办理农村土地征收的法律事务。

4. 办理农村征地补偿与拆迁安置法律事务。

案例导入

"我明明有村里的户口，却享受不了同等的村民待遇，这不公平。"家住文昌市铺前镇林梧村委会泉口村的彭某说，他拥有泉口村的户口，却无法享受该村的土地补偿款。

彭某户口本显示他在 2010 年 6 月 2 日从铺前镇东坡墟迁到泉口村。他父亲是广东陆丰人，曾经是解放海南岛的老兵，退伍后就在泉口村落户成家。但因为家里的自留地太少，为了生计，全家搬到东坡墟打零工和做生意。1988 年之后就将户口迁到东坡墟。2005 年，彭某的父亲去世后，安葬在泉口村。母亲年龄越来越大，她想回到泉口村生活，所以 2010 年全家将户口迁回了村子。谁知 2010 年下半年村里的土地被征收，彭某因为刚迁户口回村，不想和同村人起冲突，因此对当时未取得征地补偿没有提出异议。近期，彭某听说村里有新的征地计划，新的土地补偿款还是没有他的份。

〔来源：陈栋"户口在农村就能享征地赔偿？"载《海南特区报》2006 年 3 月 20 日（引用时有删节、修改）〕

户口的迁出与迁入，往往直接影响拆迁补偿款的分配。假如你是基层法律服务工作者，你认为根据彭先生所提供的情况，他应不应该领到补偿款？理由是什么？如果你不能回答以上问题，请学习本章的知识。

🔖 知识学习

第一节 农村土地征收概述

我国实行土地所有权归国家和集体所有的基本制度。《宪法》从根本大法的高度确立了土地征收制度。《土地管理法》《土地管理法实施条例》《物权法》均对相关制度进行了明确的和有可操作性的规定，共同构建起了我国土地征收法律制度。

一、农村土地征收的概念和目的

土地征收，是指国家为了公共利益需要，依照法律规定的程序和权限将农民集体所有的土地转化为国有土地，并依法给予被征地的农村集体经济组织和农民合理补偿和妥善安置的法律行为。该行为形成的农村土地征收关系所涉及的主体、客体、对象、征收依据等是农村土地征收制度应有的基本范畴。农村土地征收的主体是政府以及农地所有权人，客体是征收指向的某项权利，对象是农地，征收依据是相关的法律规定。

关于土地征收的目的，世界各国一般规定为"公共利益"。我国《宪法》第10条第3款规定："国家为了公共利益的需要，可依照法律对土地实行征收或者征用并给予补偿。"从以上规定可以看出，我国土地征收的目的也是"公共利益"。我国土地征收条件应仅限于公共利益，不得随意突破，征收的范围必须严格限定于公共利益需要，不得随意多征多占；要实现的公共利益必须是具体的、扎根于现实生活生产。

二、农村土地征收的原则

为了防止土地的滥征滥用，在农村征收土地时，必须遵循以下原则：

1. 十分珍惜、合理利用土地和切实保护耕地的原则。

2. 保证国家建设用地的原则。

3. 妥善安置被征地农民的原则。

三、农村土地征收的限制

为了公共利益的需要，依照法律规定的权限和程序可以征收农村集体所有的土地和单位、个人的房屋及其他不动产，在农村土地征收过程中，必须遵守以下规定：

1. 征收集体所有的土地，应当依法足额支付土地补偿费、安置补助费、地上附着物和青苗的补偿费等费用，安排被征地农民的社会保障费用，保障被征地农民的生活，维护被征地农民的合法权益。

征收单位、个人的房屋及其他不动产，应当依法给予拆迁补偿，维护被征收人的合法权益；征收个人住宅的，还应当保障被征收人的居住条件。

任何单位和个人不得贪污、挪用、私分、截留、拖欠征收补偿费等费用。

2. 国家对耕地实行特殊保护，严格限制农用地转为建设用地，控制建设用地总量。不得违反法律规定的权限和程序征收集体所有的土地。

第二节　农村土地征收程序

依照具体操作程序进行划分，我国土地征收程序分为征地报批前工作程序、征地审核报批和征地批准后组织实施程序三个阶段，报批前程序主要是征地告知、现状调查及确认、征询意见，组织征地听证、征地材料的组织、审核及上报。征地的审核和报批主要是指国土资源部门受理并审核上报材料。批后实施程序主要是发布征收土地公告、办理补偿登记，拟定和公布征地补偿、安置方案，举行听证、批准征地补偿、安置方案，实施征地、交付土地。

一、农村土地征收的方案

在农村土地征收中，县或市级国土资源局根据国家公共利益的需要，完成发布征地公告、征询村民意见、实地调查登记等程序后，依据征询、听证、调查、登记等情况拟定出正式的方案，报上级机关审批。方案材料包括建设项目用地呈报说明书、农用地转用方案、补充耕地方案、征收土地方案、供应土地方案。审批机关就是依据上述文件内容作出是否准予征地的决定。

（一）建设项目用地呈报说明书

应当包括项目用地安排情况、拟使用土地情况等，并应附具下列材料：

1. 经批准的市、县土地利用总体规划图和分幅土地利用现状图，占用基本农田的，还应当提供乡级土地利用总体规划图。

2. 由建设单位提交的、有资格的单位出具的勘测定界图及勘测定界技术报告书。

3. 地籍资料或者其他土地权属证明材料。

4. 以有偿方式供地的，还应当提供草签的土地有偿使用合同及说明和有关文件。

5. 为实施城市规划和村庄、集镇规划占用土地的，还应当提供城市规划图和村庄、集镇规划图。

（二）农用地转用方案

应当包括占用农用地的种类、位置、面积、质量等。

（三）补充耕地方案

应当包括补充耕地或者补划基本农田的位置、面积、质量，补充的期限，资金落实情况等，并附具相应的图件。

（四）征收土地方案

应当包括征收土地的范围、种类、面积、权属，土地征收补偿费和安置补助费标准，需要安置人员的安置途径等。

（五）供应土地方案

应当包括供地的方式、面积、用途，土地有偿使用费的标准、数额等。

二、农村土地征收审批

市县人民政府上报的征地材料，由省（自治区、直辖市）国土资源部门受理，并进行审核。凡是征地材料齐全、征地程序合法、征地补偿标准符合法律规定、安置方案已经确认，市县人民政府已经出具说明材料的，报请省级人民政府审批。须报国务院批准的，由省（自治区、直辖市）人民政府审查后报请国务院批准。省级国土资源部门将征地材料报送国土资源部审查。征地经国务院或省级人民政府批准后，国土资源部或省级国土资源部门下发征地批准文件。

（一）由国务院批准征收的土地

1. 基本农田。

2. 基本农田以外的耕地超过 35 公顷的。

3. 其他土地超过 70 公顷的（其他土地指耕地以外的土地，包括林地、草地、养殖水面、城乡住宅和公共设施用地、工矿、交通、水利设施用地、旅游用地和未利用土地等）。

4. 省级人民政府批准的道路、管线工程涉及农用地转为建设用地的。

5. 省级人民政府批准的大型基础建设项目涉及农用地转为建设用地的。

6. 国务院批准的建设项目占用农用地的涉及农用地转为建设用地的。

征收农用地的，应当依照《土地管理法》第 44 条的规定先行办理农用地转用审批。其中，经国务院批准农用地转用的，同时办理征地审批手续，不再另行办理征地审批。

（二）由省级人民政府批准征收的土地

1. 征用基本农田以外的耕地低于 35 公顷。

2. 征用其他土地低于 70 公顷。

3. 在省批准的土地利用总体规划范围内，按照土地利用年度计划分批次批准。

经省、自治区、直辖市人民政府在征地批准权限内批准农用地转用的，同时办理征地审批手续，不再另行办理征地审批。

三、农村土地征收调查取证

（一）告知与调查

1. 告知征地情况。在征地依法报批前，当地国土资源部门应将拟征地的用途、位置、补偿标准、安置途径等，以书面形式告知被征地农村集体经济组织和农户。在告知后，凡被征地农村集体经济组织和农户在拟征土地上抢栽、抢种、抢建的地上附着物和青苗，征地时一律不予补偿。

2. 确认征地调查结果。当地国土资源部门应对拟征土地的权属、地类、面积以及地上附着物的权属、种类、数量等现状进行调查，调查结果应与被征地农村集体经济组织、农户和地上附着物产权人共同确认。

（二）听证与公布

1. 组织征地听证。在征地依法报批前，当地国土资源部门应告知被征地农村集体经济组织和农户，对拟征土地的补偿标准、安置途径有申请听证的权利。当事人申请听证的，应按照《国土资源听证规定》规定的程序和有关要求组织听证。

2. 公开征地批准事项。经依法批准征收的土地，除涉及国家保密规定等特殊情况外，国土资源部和省级国土资源部门通过媒体向社会公示征地批准事项。县（市）国土资源部门应在被征地所在的村、组公告征地批准事项。

当然，在农村土地征收调查听证以后，各级国土资源部门要对依法批准的征收土地方案的实施情况进行监督检查。因征地确实导致被征地农民原有生活水平下降的，当地国土资源部门应积极会同政府有关部门，切实采取有效措施，多渠道解决好被征地农民的生产生活，维护社会稳定。

第三节　农村土地征收补偿

土地征收补偿，是指国家为了公共利益的需要，依法对农民集体所有土地实行征收，并按照被征地的原用途给予补偿。土地补偿是土地征收制度的核心，有征收必须有补偿。

一、农村土地征收补偿安置协议的订立

农村土地征收应当严格按照法律程序签订土地征收补偿安置协议，市、县国土资源局在被征用土地所在地的村范围内发布征地通告，征询村集体经济组织和农民的意见，并依法组织听证，完成农村土地征收调查取证程序以后，订立农村土地征收补偿安置协议。被征地农村集体经济组织或者村民委员会应当就协议主

要内容按照村民大会或者村民代表大会议事程序等民主程序作出决议。村民委员会作为被征收主体的，签订协议后，农村集体经济组织或者村民委员会应当向村民公示土地征收补偿安置协议。

二、农村土地征收补偿安置协议的履行

（一）政府统一制定标准

1. 统一年产值标准的制订。省级国土部门牵头制订省域内各县（市）耕地的最低统一年产值标准，可考虑被征收耕地的类型、质量、农民对土地的投入、农产品价格、农用地等级等因素。

2. 统一年产值倍数的确定。土地补偿费和安置补助费的统一年产值倍数，按照保证被征地农民原有生活水平不降低的原则，在法律规定范围内确定。经依法批准占用基本农田的，征地补偿按当地人民政府公布的最高补偿标准执行。

3. 征地区片综合地价的制订。有条件的地区，省级国土资源部门可会同有关部门制订省域内各县（市）征地区片综合地价，报省级人民政府批准后公布执行，实行征地补偿。制订区片综合地价应考虑地类、产值、土地区位、农用地等级、人均耕地数量、土地供求关系、当地经济发展水平和城镇居民最低生活保障水平等因素。

（二）补偿安置费的支付与分配

1. 支付征地补偿安置费用。征地补偿安置方案经市、县人民政府批准后，应按法律规定的时限向被征地农村集体经济组织拨付征地补偿安置费用。当地国土资源部门应配合农业、民政等有关部门对被征地集体经济组织内部征地补偿安置费用的分配和使用情况进行监督。

2. 土地补偿费的分配。按照土地补偿费主要用于被征地农户的原则，土地补偿费应在农村集体经济组织内部合理分配。具体分配办法由省级人民政府制定。土地被全部征收，同时农村集体经济组织撤销建制的，土地补偿费应全部用于被征地农民生产生活安置。

（三）安置

1. 农业生产安置。征收城市规划区外的农民集体土地，应当通过利用农村

集体机动地、承包农户自愿交回的承包地、流转的承包地和土地开发整理新增加的耕地等，使被征地农民有必要的耕作土地，继续从事农业生产。

2. 重新择业安置。应当积极创造条件，向被征地农民提供免费的劳动技能培训，安排相应的工作岗位。在同等条件下，用地单位应优先吸收被征地农民就业。征收城市规划区内的农民集体土地，应当将因征地而导致无地的农民，纳入城镇就业体系，并建立社会保障制度。

3. 入股分红安置。对有长期稳定收益的项目用地，在农户自愿的前提下，经被征地农村集体经济组织与用地单位协商，可以以征地补偿安置费用入股，或以经过批准的建设用地土地使用权作价入股。农村集体经济组织和农户通过合同约定以优先股的方式获取收益。

4. 异地移民安置。本地区确实无法为因征地而导致无地的农民提供基本生产生活条件的，在充分征求被征地农村集体经济组织和农户意见的前提下，可由政府统一组织，实行异地移民安置。

三、农村土地征收补偿安置的特殊情形处理

一般来说，农村土地征收补偿安置的人员是户口在农村土地征收的范围内，并在其农村集体经济组织内部享有权利和承担义务的常住人员。

（一）农民收养子女是否有权参与征地补偿费分配

农民收养的子女只要依据《中华人民共和国收养法》的规定，在民政部门办了相关的手续，并且已经在当地农村集体经济组织落户，就成为该农村集体经济组织的成员，因此，即使被收养的子女暂时没有获取相应的土地，也应该与村民等额分配征地补偿费用。

（二）进城务工人员是否有权参与征地补偿费分配

进城务工人员离开乡村来到城镇，但这并不意味着他们放弃村集体经济组织成员资格，也不意味着放弃村集体经济组织享有的各种收益权益的分配，不能取消其村民待遇，停止收益分配，所以他们有权与其他村民一样享有征地补偿费的分配。但进城务工人员如果考取了公务员不应再参与分配。

（三）在校大中专学生是否有权参与征地补偿费分配

在校读书的大中专学生虽然离开了原户籍所在地村集体，但其离开户籍所在

地的村集体并非是去就业，而是到学校里学习，是一个典型的消费者。如果排除原农业户口的在校大中专学生享受分配征地补偿费的权利，一方面会加重其父母或其他家庭成员的负担，另一方面也不利于国民素质的提高及农村的发展。因此，在校大中专学生在学习期间，仍然应看作是其原村集体经济组织成员，可以参与征地补偿费的分配。

（四）义务兵是否有权参与征地补偿费分配

依照法律的规定，我国公民达到了法定年龄都有服兵役的义务。农民服兵役暂时离开了村集体经济组织，但是暂时离开农村并未脱离村集体经济组织，其依然是村集体经济组织成员。因此，凡在部队服役的农业户口义务兵，均享有与其他村民同等的待遇。但是，如果在部队已提干的人员和已转变为志愿兵的，不能再享有村民待遇，不能参与征地补偿分配。

（五）户口未迁出的出嫁女，是否有权参与原所在村集体经济组织的征地补偿费分配

第一类户口未迁出的出嫁女，其户口一直未迁出农村并非由于自身意愿原因，而是由于以往的户籍制度实行的城乡分割二元结构制，大多数出嫁女想要将户口迁往城市是十分困难的，并非为分得土地补偿款而故意将户口留在村上。这类出嫁女一直生活在农村，像其他村民一样认真履行了对集体经济组织应尽的义务，仍然是集体经济组织的成员，完全具备村民资格，应当与其他村民享受同等待遇，她们取得征地补偿款的权利是不容被剥夺的，不能因为其结婚的对象为非农业户口而予以减发或者扣发。

第二类户口未迁出的出嫁女，这类出嫁女的户口可以迁走但是不迁走，对于这一类出嫁女，应按照实践情况灵活处理。首先应明确的一点是，这类出嫁女对于自己的户口到底要保留在本村还是随夫落户，有选择的权利，他人不得强制出嫁女迁出户口。未迁出的出嫁女仍然拥有村民资格，应当享受村民待遇。但是在具体分配征地补偿费的数额上，仍应考虑其居住情况、是否恪尽村民义务等，区分对待。对于长期居住在本村，认真履行村民义务的出嫁女，当然仍属集体经济组织的成员，享受与其他村民相同的待遇。而对于长期不在本村居住，也未完全履行村民义务的出嫁女，村民委员会则有权对其予以适当的扣发或者减发。实践

中，大多数出嫁女婚后会选择随夫居住，随夫劳动。因而，村民委员会针对该类"户口未迁出的出嫁女"应按照法定程序制订出具体的村规民约，确定其征地款的分配数额。

（六）超生的子女是否有权参与征地补偿费分配

超生子女是否可以分到征地补偿款，在我国地方性法规中有些差别，一般来说，按照国家法律和地方性法规的规定，超生小孩的一般会受到政府相关部门一定处罚。所以，对于超生子女，如已接受了处罚并已执行到位，而且进行了户口登记的，应当享有本村村民的同等待遇，即有权享有征地补偿款的分配权。反之，则不应享有征地补偿款的分配权。

🔘 案例简析

导入案例是一起土地征收补偿取得问题。

针对此事，彭某是否可以获得相应土地补偿款，要注意几个问题：

1. 应判断其是否具有该农村集体经济组织成员资格。

2. 彭某户籍迁回泉口村后，是否在该村获得相应的集体土地，是否参加相应的医疗或相关保险，是否在该村形成较为固定生产和生活。

3. 彭某是否以集体经济组织的土地为基本生活保障。

经查，彭某父亲和母亲在20世纪50年代落户该村且一直在该村生活，80年代迁出至东坡墟，后在2010年上半年迁回泉口村，彭某享有该集体经济资格。

彭某迁回泉口村后，就一直生活在该村且以该村的土地为基本生活保障，所以，彭某依法应获得相应土地征收补偿。

🔘 作业练习

一、判断题

1. 土地征收，是指国家依据公共利益的需要，强制取得民事主体土地所有权的行为。（　　）

2. 国家为了公共利益的需要，可依法对公民私有财产进行征收或征用并给予补偿。（　　）

3. 因抢险、救灾等紧急需要，依照法律规定的权限和程序可以征用单位、

个人的不动产或者动产。（　　）

4. 农民收养的子女只要依据《中华人民共和国收养法》的规定，在民政部门办了相关的手续，并且已经在当地农村集体经济组织落户，也应该与村民等额分配征地补偿费用。（　　）

5. 因抢险、救灾等紧急需要，依照法律规定的权限和程序可以征用单位、个人的不动产或者动产。（　　）

二、选择题

1. 某特大型电厂是"十五"期间的国家重点建设项目，计划在 m 省 b 市投资建设，因用地量较大和生产工艺设计的要求，需要征收 47 亩基本农田和 1320 亩耕地，根据法律的规定，该建设项目征收的土地，应由（　　）批准。

A. b 市人民政府　　　　　　　　B. m 省人民政府

C. 国务院　　　　　　　　　　　D. 国土资源部

2. 国家能源、交通、水利、军事设施等重点项目选址确实无法避开基本农田的必须经（　　）批准。

A. 县级人民政府　　　　　　　　B. 市级人民政府

C. 省级人民政府　　　　　　　　D. 国务院

3. 征收农村集体土地时，对地上附着物和已种植的青苗应当给予补偿，但是，（　　）一律不予补偿。

A. 在拟定征地之前地上存在的养殖场及坟地

B. 在拟定征地之前已种植下的，在生长尚未成熟的农作物

C. 凡在协商征地方案后抢种的农作物、树木和抢建的设施

D. 需要拆迁的农田水利设施及其他配套建筑物

4. 根据《中华人民共和国土地管理法》，征收耕地的补偿费用应包括（　　）。

A. 耕地占用费　　　　　　　　　B. 土地补偿费

C. 安置补助费　　　　　　　　　D. 地上附着物和青苗补偿费

5. 征收土地方案一般由（　　）负责编制。

A. 省级人民政府　　　　　　　　B. 省级人民政府土地行政主管部门

C. 县级人民政府　　　　　　　　D. 县级人民政府土地行政主管部门

第七章　农村土地法律纠纷处理实务

📢 **学习目标**

通过本章的学习，你将能够：

1. 列举农村土地法律纠纷处理的主要途径。

2. 概述农村各类土地法律纠纷处理应注意的事项。

3. 处理农村常见的土地法律纠纷。

📢 **案例导入**

　　原、被告双方均系一村一组村民，1997年，经双方协商同意，村组将原由原告承包的1亩地调整给被告承包，并将原由被告承包的1亩地调整由其他村民承包；1998年2月10日，原告与其所在村组签订土地承包合同书，约定由原告承包村前2亩土地，该2亩土地中包含调整由被告承包的1亩土地；自1998年起，经村组确定后，被告直接缴纳附着于该1亩土地上的税费；2011年，原告要求被告返还该1亩土地，双方协商未果，因而成诉。

（来源：湖南省双峰县甘棠镇）

　　本案是由于集体经济组织在土地二轮承包过程中将同一土地调整给被告后却与原告签订土地承包合同而引发的争议。本案在处理过程中产生两种不同意见：一种意见认为原告在与村民小组签订承包合同后，即取得该争议土地的合法的承包经营权，所以应支持原告的诉讼请求，被告应将该土地归还原告。另一种意见认为，原被告双方中到底谁享有该争议土地的合法的土地承包经营权，双方之间的争议在本质上应属于土地使用权争议，该争议不属于人民法院受理的范围，不宜作出司法认定。假如你是法律服务工作者，你支持哪一种观点？你认为应该怎样处理这样的问题？如果你对于具体的法律规定与政策要求难以把握，请学习本章知识。

知识学习

第一节　农村土地法律纠纷处理的主要途径

农村土地法律纠纷，是指当事人因农村土地所有权和使用权归属以及其他有关农村土地的权利义务问题发生的争议。根据现行法律的规定和农村实际情况，农村土地法律纠纷的处理途径主要有 5 种。

一、和解

和解，是指农村土地法律纠纷的当事人在自愿互谅的基础上，依据法律、法规规定或者合同的约定，直接进行磋商，自行解决争议。这是解决农村土地纠纷最基本、最有效的方法，动静也最小，处理纠纷的成本也最低。

二、调解

调解，是指土地纠纷双方当事人将争议提交第三方，由第三方协调、说服并帮助双方进行协商，促成当事人达成解决土地纠纷协议的纠纷处理方式。处理土地所有权或者使用权归属争议的法定程序，往往是一个漫长而复杂的过程。在实践中，当农村土地法律纠纷的当事人无法自行和解时，以调解方式处理土地法律纠纷，就具有非常现实的意义。

三、仲裁

在农村土地法律纠纷处理中，仲裁具体是指农村土地承包经营纠纷仲裁，是指我国在特定的农村土地承包经营体制的前提下，为解决农村土地承包经营法律纠纷而采用的一种"准司法"处理方式。这种仲裁不同于一般的合同纠纷仲裁，不需要以双方当事人同意提交仲裁为前提。也不同于劳动仲裁，仅适用于农村土地承包经营纠纷。当事人不愿协商、调解或者协商、调解不成的，任何一方都有权依法向农村土地承包经营纠纷仲裁机构申请仲裁，在仲裁过程中可以进行调解。调解书经双方当事人签收后，即发生法律效力。调解不成的，或者在调解书签收前当事人反悔的，仲裁机构应当及时作出裁决。当事人对仲裁裁决不服的，可以在收到裁决书之日起 30 日内向人民法院起诉。逾期不起诉的，裁决书即发生法律效力。

四、行政协调

行政协调，是指如果是土地侵权纠纷，当事人可请求土地行政主管部门进行行政调处，土地纠纷原则是由国土资源管理机关调查处理。

《土地管理法》第 16 条规定，土地所有权和使用权争议，由当事人协商解决；协商不成的，由人民政府处理。单位之间的争议，由县级以上人民政府处理；个人之间、个人与单位之间的争议，由乡级人民政府或者县级以上人民政府处理；当事人对有关人民政府的处理决定不服的，可以自接到处理决定通知之日起 30 日内，向人民法院起诉。在规定的时间内，当事人既不申请行政复议，也不提起行政诉讼，人民政府处理决定即发生法律效力。

五、诉讼

诉讼，俗称"打官司"，是指在案件当事人和其他诉讼参与人的参加下，经司法机关依法查明事实，适用法律，对纠纷案件作出裁判的活动。处理农村土地纠纷的诉讼，分为行政诉讼和民事诉讼。

（一）行政诉讼

行政诉讼，是指个人、法人或其他组织认为行政主体以及法律法规授权的组织作出的行政行为侵犯其合法权益而向法院提起的诉讼。行政诉讼是解决政府机关在农村土地管理事务中不作为、乱作为的一种有效途径。当事人对人民政府作出的处理决定不服的，可以依法提起行政诉讼。

（二）民事诉讼

民事诉讼，是指平等主体之间为解决土地民事纠纷而向法院提起的诉讼。农村土地纠纷的任何一方当事人均可以向法院提起诉讼，法院的判决结果对各方都具有强制约束力。

第二节　农村土地权属法律纠纷的处理

一、农村土地权属法律纠纷概述

农村土地权属法律纠纷，又称为农村土地权属争议，是指因农村土地所有权和土地使用权的归属问题发生争执而引起的纠纷。国土资源部颁布的《土地权属争议调查处理办法》（2003 年 1 月公布，2010 年 11 月修改），以《土地管理法》的有关规定为依据，对我国农村土地权属法律纠纷的处理作出了专门的规定。凡属于农村土地权属法律纠纷范围的案件，都按照《土地权属争议调查处理办法》处理。

不属于农村土地权属法律纠纷范围的案件，按照其他法律法规与规章处理。下列案件不属于农村土地权属法律纠纷：土地侵权案件；行政区域边界争议案件；土地违法案件；农村土地承包经营权争议案件；其他不作为土地权属争议的案件。

二、农村土地权属法律纠纷调查处理的政府级别管辖

（一）国土资源部调查处理的争议案件

1. 国务院交办的。

2. 在全国范围内有重大影响的。

（二）省级国土资源行政主管部门调查处理的争议案件

1. 跨设区的市、自治州行政区域的。

2. 争议一方为中央国家机关或者其直属单位，且涉及土地面积较大的。

3. 争议一方为军队，且涉及土地面积较大的。

4. 在本行政区域内有较大影响的。

5. 同级人民政府、国土资源部交办或者有关部门转送的。

（三）设区的市、自治州国土资源行政主管部门调查处理的争议案件

1. 跨县级行政区域的。

2. 同级人民政府、上级国土资源行政主管部门交办或者有关部门转送的。

（四）其他

个人之间、个人与单位之间、单位与单位之间发生的争议案件，由争议土地所在地的县级国土资源行政主管部门调查处理。也可以根据当事人的申请，由乡级人民政府受理和处理。

三、处理农村土地权属法律纠纷的途径

（一）协商

双方当事人本着"尊重历史、面对现实、实事求是、互谅互让、公正合理、自觉自愿"原则平等协商，努力争取解决土地权属纠纷。

（二）调解

协商不成，由人民政府调解。村级组织之间的争议向县级人民政府国土资源行政部门提出调处书面申请；村民个人之间、村民个人与村级组织或单位之间的争议，向乡级人民政府或者县级人民政府国土资源行政部门提出调处书面申请。

乡级人民政府或者县级人民政府国土资源行政部门受理后进行调查调解，达成协议的，制作调解书。

（三）行政处理

调解不成未达成协议的，应当及时提出处理意见，报人民政府作出处理决定。政府调处农村土地权属纠纷，要本着尊重历史、面对现实的原则，从维护争议双方共同利益与社会稳定出发，以现行法律法规及《土地权属争议调查处理办法》为依据，严格按照受理、调查、调解、处理等程序，及时将矛盾解决在基层。

（四）行政复议和行政诉讼

当事人不服人民政府处理决定的，可在收到处理决定书之日起 60 日内提出行政复议，或在 30 日内提出行政诉讼。

第三节　农村土地征收法律纠纷的处理

一、农村土地征收法律纠纷概述

农村土地征收法律纠纷，是指国家为了公共利益的需要，依照法律规定的权限和程序征收农村集体所有的土地和单位、个人的房屋及其他不动产而发生的纠纷。农村土地征收实际上包括土地征收和房屋征收两个部分。实践中，土地征收程序和房屋拆迁补偿安置程序一般合并进行。

这类纠纷特殊主体经常表现为：一方是政府或开发商，另一方是农民，由于其主体的特殊性导致这类纠纷在处理过程中一定程度上可能会存在地方保护主义，而且这类案件人数众多，极有可能引发群体性事件，这就对办案的人员有着更高的要求，只有充分地掌握专业知识和案情且具有足够的智慧和胆略才有可能将这类案件办好。

二、处理农村土地征收法律纠纷的途径

法律处理方式主要有：行政诉讼、行政复议、行政复议裁决、民事诉讼、征地补偿协调、裁决等方式，根据个案的不同特点应当启动不同的法律程序。

（一）农村征地纠纷行政复议

行政复议，是指公民、法人或者其他组织不服行政主体作出的具体行政行为，认为行政主体的具体行政行为侵犯了其合法权益，依法向法定的行政复议机关提出复议申请，行政复议机关依法对该具体行政行为进行合法性、适当性审查，并作出行政复议决定的行政行为。是公民，法人或其他组织通过行政救济途径解决行政争议的一种方法。

行政复议的最大特点是可以跳出某个区域，如对某省国土资源厅的行为不服则可以向国土资源部申请复议，如果在承办案件过程中担心某地方存在地方保护，则应该选择这样的救济途径。

（二）农村征地纠纷行政诉讼

行政诉讼，是指公民法人对具体行政行为不服而向人民法院起诉，由人民法

院进行审理并作出判决、裁定的司法程序。即通常我们所说的"民告官",这是解决行政争议的重要制度。

（三）农村征地纠纷中民事诉讼

在征地纠纷中,大多数进行的诉讼属于行政诉讼,民事诉讼是为数不多的,但是并不是所有的程序都要走行政诉讼,有时候也可以走民事诉讼的程序,如对于非法占地的行为,从民事角度考虑我们可以提起民事侵权诉讼,要求停止侵害、赔偿损失、恢复原状。对于已经签订征地补偿协议,如果该协议签订过程中存在胁迫等手段,则从民事诉讼的角度起诉撤销该协议。总而言之办案子要开动脑筋不能死盯住行政诉讼,如果民事诉讼对我们更有利的话,就应该设法走民事诉讼的程序。在征地纠纷中常发生的民事纠纷有：征地补偿协议纠纷；土地侵权纠纷；土地承包经营纠纷。

（四）农村征地补偿法律纠纷的行政协调裁决

征地补偿裁决,又称征地补偿协调与裁决,是指对补偿标准有争议的,由县级以上地方人民政府协调；协调不成的,由批准征用土地的人民政府裁决,这是国家为减少、解决征地纠纷而推行的制度。机制可以分为两个部分,一是协调,二是裁决,协调是裁决的前置,未经协调的不能进入裁决。

如果在申请协调中遇到两级政府相互推诿的情况,则应当在协调期满之日向征地批准机关申请裁决,若省内尚无协调裁决办法或协调裁决办法没有规定多长时间协调的,建议在 60 日后申请裁决。

（五）农村征地法律纠纷听证

农村征地法律纠纷听证,是指在农村土地征收纠纷中拟作出行政处罚、行政许可决定,制定规章和规范性文件时,主管部门遵循公开、公平、公正和便民的原则组织听证,充分听取村民、法人和其他组织的意见,保证其陈述意见、质证和申辩权利的活动。可以分为主管部门依职权组织的听证和申请人申请才组织的听证。

听证是失地农民参与征地审查报批、发表自己意见、了解案情的重要途径,当事人应重视这项权利,积极参加。征地时,必须告知失地农民有申请听证的权利。

三、处理农村土地征收法律纠纷应注意的事项

（一）要遵循协调前置、重在协调的原则

当事人应当先向拟定征地补偿安置方案的市、县人民政府的上一级人民政府申请协调。未经协调的案件，不能进行裁决。裁决机关受理裁决案件后，也要先行组织协调。协调意见书经双方当事人签字同意后，即发生法律效力。

（二）要注意区分适用行政诉讼和民事诉讼的不同情形

1. 被征收人对征收行为的合法性提起诉讼的，应当以征收人即国家机关作出的征收决定为诉讼标的，该诉讼类型为行政诉讼。

2. 土地被征收后，征收机关未给予补偿或者未给予充分补偿的，被征收人起诉要求征收机关支付补偿费或者要求增加补偿费的，也应当提起行政诉讼。

3. 在征地补偿费用支付给农村集体经济组织后，土地承包经营权人要求取得自己应得部分的补偿费用时，应提起民事诉讼。

第四节　农村常见土地使用权法律纠纷的处理

一、农村常见土地使用权法律纠纷概述

农村常见土地使用权法律纠纷，是指相对常见的农村土地使用权纠纷。农村土地分为农用地、建设用地和未利用地。从发生纠纷的情况来看，农用地使用权纠纷主要是农村土地承包权、经营权法律纠纷和自留地、自留山使用权法律纠纷，农村建设用地使用权法律纠纷主要是宅基地使用权法律纠纷和集体建设用地使用权法律纠纷。不同类型的农村土地使用权法律纠纷，在处理上存在很大的差异，分别有不同的处理依据、程序和方法。

二、农村土地承包权和经营权法律纠纷的处理

（一）农村土地承包权和经营权纠纷的主要情形

农村土地承包权和经营权纠纷，是指土地承包和经营合同的当事人因土地承

包、经营问题发生争议所引发的纠纷。主要有以下情形：

1. 农村土地承包、经营合同纠纷。

2. 农村土地经营权流转纠纷。

3. 收回、调整农村承包地发生的纠纷。

4. 农村土地承包权和经营权确权登记纠纷。

5. 侵害农村土地承包权和经营权发生的纠纷。

6. 法律、法规规定的其他农村土地承包经营纠纷，如农村土地承包权和经营权相邻纠纷。

（二）处理农村土地承包权和经营权纠纷的法律法规和政策依据

处理农村土地承包权和经营权纠纷的法律法规和政策依据主要包括：《民法总则》《土地管理法》《物权法》《侵权责任法》《农村土地承包经营纠纷调解仲裁法》《土地管理法实施条例》《最高人民法院关于审理涉及农村土地承包纠纷案件适用法律问题的解释》《农村土地承包经营权证管理办法》《农村土地承包经营权流转管理办法》《中共中央　国务院关于全面推进集体林权制度改革的意见》和《中共中央办公厅、国务院办公厅关于完善农村土地所有权承包权经营权分置办法的意见》。

（三）处理农村土地承包权和经营权法律纠纷的途径

农村土地承包权和经营权纠纷发生后，当事人可以自行和解，也可请求村民委员会、乡镇人民政府等组织进行调解。和解、调解不成，或者不愿和解、调解的，可以向农村土地承包仲裁委员会申请仲裁，也可以直接向人民法院起诉。在选择具体的处理途径时，要注意以下事项：

1. 和解、调解、仲裁不是诉讼的前置程序。当事人和解、调解不成或者不愿和解、调解的，可以向农村土地承包仲裁委员会申请仲裁，也可以不经过和解、调解和仲裁，而直接提起诉讼。

2. 和解、调解协议具有相当于合同的效力。人民调解委员会主持下达成的调解协议，经当事人共同申请法院确认后，具有强制执行的法律效力。

3. 当事人不服农村土地承包仲裁委员会裁决的，应在规定的 30 天期间内向法院起诉；如当事人没有在规定的期间内向法院提起诉讼，裁决书即发生强制执行的法律效力。

三、农村自留地、自留山使用权法律纠纷的处理

（一）农村自留地、自留山使用权法律纠纷的主要情形

自留地、自留山法律纠纷，是指农村集体经济组织的成员在经营、管理、使用自留地、自留山过程中发生的纠纷，主要有以下情形：

1. 自留地、自留山调整纠纷。

2. 自留地、自留山流转纠纷。

3. 自留地、自留山侵权纠纷。

4. 自留地、自留山相邻纠纷。

（二）处理自留地、自留山法律纠纷的法律法规和政策依据

处理自留地、自留山法律纠纷的法律法规和政策依据主要包括：《土地管理法》《物权法》《农村土地承包经营纠纷调解仲裁法》《土地管理法实施条例》。

在实践中，有的农村地区将自留地和自留山纳入了农村土地承包的范围，有的保持原有的状况。因此，处理自留地、自留山法律纠纷，在法律和政策的适用上分为两种情况：

1. 纳入了农村土地承包范围的自留地和自留山，其法律纠纷的处理，适用上述农村土地承包权和经营权法律纠纷处理的法律法规和政策。

2. 没有纳入农村土地承包范围的自留地和自留山，其法律纠纷的处理，主要以下法律法规和政策为依据：《民法总则》《土地管理法》《物权法》《侵权责任法》《土地管理法实施条例》《中共中央、国务院转发国家农委〈关于积极发展农村多种经营的报告〉》《中共中央、国务院关于保护森林发展林业若干问题的决定》《中共中央、国务院关于全面推进集体林权制度改革的意见》。

（三）处理自留地、自留山法律纠纷的途径

农村自留地、自留山法律纠纷发生后，当事人可以自行和解，也可请求村民委员会、乡镇人民政府等组织进行调解。和解、调解不成，或者不愿和解、调解的，可以向人民法院起诉。自留地和自留山纳入了农村土地承包范围的，纠纷当事人可以向农村土地承包仲裁委员会申请仲裁，也可以直接向人民法院起诉。

四、农村宅基地使用权法律纠纷的处理

（一）农村宅基地使用权法律纠纷的主要情形

农村宅基地使用权法律纠纷，是指农村宅基地使用权取得、管理和使用过程中发生的纠纷。主要有以下情形：

1. 宅基地使用权取得纠纷。

2. 宅基地使用权使用纠纷。

3. 调整宅基地使用权发生纠纷。

4. 宅基地使用权侵权纠纷。

5. 宅基地使用权流转纠纷。

6. 收回宅基地使用权发生的纠纷。

7. 宅基地使用权相邻关系纠纷。

（二）处理农村宅基地使用权法律纠纷的法律法规和政策依据

处理农村宅基地使用权法律纠纷的法律法规和政策依据主要包括：《城乡规划法》《节约集约利用土地规定》《土地管理法》《民法总则》《物权法》《侵权责任法》《土地管理法实施条例》《国土资源部关于进一步加快宅基地和集体建设用地确权登记发证有关问题的通知》《关于进一步加快宅基地使用权登记发证工作的通知》《村镇建房用地管理条例》《村庄和集镇规划建设管理条例》《国土资源部关于进一步完善农村宅基地管理制度切实维护农民权益的通知》《农民住房财产权抵押贷款试点暂行办法》。

（三）处理农村宅基地使用权法律纠纷的途径

1. 民事程序。宅基地侵权纠纷、使用宅基地影响相邻关系人利益引发的纠纷和经过统一规划与确权的宅基地因界址发生的纠纷，属于民事争议，通过和解、调解、仲裁和民事诉讼程序解决。

2. 行政程序。宅基地确权纠纷、未经有关部门确权和统一规划的宅基地因界址不明引起的纠纷，是行政法律纠纷。在纠纷发生以后，应当先申请行政机关处理。当事人对行政裁决或行政复议决定不服的，才可提起行政诉讼。

五、农村集体建设用地使用权法律纠纷的处理

（一）农村集体建设用地使用权法律纠纷的主要情形

农村集体建设用地使用权法律纠纷，是指农村集体建设用地使用权使用、流转和管理过程中发生的纠纷。主要情形有：

1. 农村集体建设用地建设开发纠纷。

2. 农村集体建设用地使用权合作、入股纠纷。

3. 农村集体建设用地使用权侵权纠纷。

4. 农村集体建设用地使用权流转纠纷。

5. 农村集体建设用地使用权相邻关系纠纷。

（二）处理农村集体建设用地使用权法律纠纷的法律法规和政策依据

处理农村集体建设用地使用权法律纠纷的法律法规和政策依据：《城乡规划法》《土地管理法》《民法总则》《物权法》《侵权责任法》《土地管理法实施条例》《国土资源部关于进一步加快宅基地和集体建设用地确权登记发证有关问题的通知》《村镇建房用地管理条例》《村庄和集镇规划建设管理条例》《农村集体经营性建设用地使用权抵押贷款管理暂行办法》《国土资源部住房城乡建设部关于印发〈利用集体建设用地建设租赁住房试点方案〉的通知》《国务院关于促进节约集约用地的通知》《国务院关于严格规范城乡建设用地增减挂钩试点切实做好农村土地整治工作的通知》《土地利用总体规划管理办法》《节约集约利用土地规定》。

（三）处理农村集体建设用地使用权法律纠纷的途径

1. 民事程序。农村集体建设用地使用权侵权纠纷、使用农村集体建设用地使用权影响相邻关系人利益引发的纠纷和经过统一规划与确权的农村集体建设用地因界址发生的纠纷，属于民事争议，通过和解、调解、仲裁和民事诉讼程序解决。

2. 行政程序。农村集体建设用地使用权确权纠纷、农村集体建设用地使用权收回纠纷、未经有关部门确权和统一规划的农村建设用地因界址不明引起的纠纷，是行政法律纠纷。在纠纷发生以后，应当先申请行政机关处理。当事人对行

政裁决或行政复议决定不服的，才可提起行政诉讼。

🔊 案例简析

导入案例是一地数包引起的土地承包经营纠纷。

本案争议的土地在一轮承包时由原告实际承包经营，但在二轮承包过程中，该土地在发包方村组的主持下调整给被告，同时将被告原先经营的土地又调整给其他农户，但该次调整均未与农户签订承包合同，相反，在1998年，村民小组又将该争议的土地与原告签订土地经营承包合同。从本案事实情况看，原告持有承包合同，但却未实际经营，被告实际经营着争议土地，但却没有承包合同，事后有关政府主管部门亦未向任何一方颁发土地权属证书，从而导致双方均主张其享有合法的土地承包经营权。由于被告的实际经营权来源于村民小组的调整，并非其采取侵权行为所得，导致这一结果发生的原因是村民小组的不规范行为导致，同时由于该调整并非仅在原被告之间发生，而是涉及该组多数农户土地调整的问题，所以原被告双方中到底谁享有该争议土地的合法的土地承包经营权，不宜作出司法认定，双方之间的争议在本质上应属于土地使用权争议，根据《中华人民共和国土地管理法》第16条的规定，该争议不属于人民法院受理的范围，当事人应申请有关行政主管部门解决，故应裁定驳回原告的起诉。

在实践中要记住，集体组织将同一土地调整由一户农户实际承包经营后又与另一户农户签订土地承包合同，由此引发两个农户之间的土地承包经营权争议在本质上属于土地使用权争议，应由政府主管部门解决。

🔊 作业练习

一、判断题

1. 农村土地法律纠纷，是指当事人因土地所有权问题发生的争议。（　　　）

2. 土地违法案件属于农村土地权属纠纷。（　　　）

3. 自留地、自留山使用权纠纷属于农村建设用地使用权纠纷的一种。（　　　）

4. 农村宅基地法律纠纷，是指公民因农村宅基地所有权而发生的纠纷。（　　　）

5. 集体建设用地使用权法律纠纷的当事人可以向农村土地承包仲裁委员会申请仲裁。（　　　）

二、选择题

1. 下列案件不属于农村土地权属纠纷的有（　　）。

A. 土地侵权案件　　　　　　　B. 行政区域边界争议案件

C. 土地违法案件　　　　　　　D. 农村土地承包经营权争议案件

2. 属于省、自治区、直辖市国土资源行政主管部门调查处理的农村土地权属纠纷争议案件是（　　）。

A. 在全国范围内有重大影响的

B. 争议一方为中央国家机关或者其直属单位，且涉及土地面积较大的

C. 争议一方为军队，且涉及土地面积较大的

D. 跨县级行政区域的

3. 农村土地承包纠纷的解决途径主要有（　　）。

A. 协商　　　　　　　　　　　B. 调解

C. 仲裁　　　　　　　　　　　D. 诉讼

4. （　　）是农村宅基地使用权纠纷以纠纷的一种情形。

A. 调整宅基地使用权发生纠纷　　B. 宅基地使用权侵权纠纷

C. 宅基地使用权流转纠纷　　　　D. 宅基地合作和入股纠纷

5. （　　）是处理农村集体建设用地使用权法律纠纷的法律依据。

A. 民法总则　　　　　　　　　B. 城乡规划法

C. 土地管理法　　　　　　　　D. 物权法

练习题参考答案

第一章

一、判断题

1. √

2. √

3. √

4. ×

5. ×

二、选择题

1. C

2. ACD

3. ABCD

4. ABC

5. AC

第二章

一、判断题

1. √

2. √

3. ×

4. √

5. √

二、选择题

1. D

2. B

3. A

4. B

5. B

第三章

一、判断题

1. ×

2. √

3. √

4. √

5. ×

二、选择题

1. B

2. A

3. D

4. D

5. D

第四章

一、判断题

1. √

2. ×

3. √

4. √

5. ×

二、选择题

1. C

2. D

3. A

4. A

5. A

第五章

一、判断题

1. √

2. ×

3. √

4. √

5. √

二、选择题

1. ABCD

2. ABCD

3. ABCD

4. AB

5. ABCD

第六章

一、判断题

1. ×

2. √

3. √

4. √

5. √

二、选择题

1. C

2. D

3. C

4. BCD

5. D

第七章

一、判断题

1. ×

2. ×

3. ×

4. ×

5. ×

二、选择题

1. ABCD

2. BC

3. ABCD

4. ABC

5. ABCD

参考文献

［1］杨晓：《农村土地纠纷案例分析与解读》，湖南科学技术出版社 2012 年版。

［2］马奇：《土地权属争议调处实务》，浙江大学出版 2008 年版。

［3］刘建宏：《新时期法律明白人培训教材》，中国民主法制出版社 2017 年版。

［4］中国法制出版社：《2017 中华人民共和国土地法律法规全书（含相关政策及典型案例）》，中国法制出版社 2017 年版。

［5］刘建宏：《农村常见法律纠纷处理实务》，中央广播电视大学出版社 2014 年版。

［6］邵彦敏：《中国农村土地制度研究》，吉林大学出版社 2008 年版。

［7］刘承韪：《产权与政治：中国农村土地制度变迁的研究》，法律出版社 2012 年版。

［8］贺雪峰：《地权的逻辑——中国农村土地制度向何处去》，中国政法大学出版社 2010 年版。

［9］刘润秋：《中国农村土地流转制度研究——基于利益协调的视角》，经济管理出版社 2012 年版。

［10］张笑寒：《农村土地股份合作制的制度解析与实证研究》，上海人民出版社 2010 年版。

［11］王旭东：《中国农村宅基地制度研究》，中国建筑工业出版社 2011 年版。

［12］刘玉军："开展农村土地流转　真正实现规模效益——吉林省农村土

地流转发展方向探究"，载《吉林农业》2017 年第 15 期。

［13］王海莲："试论农村土地承包经营纠纷调节措施的完善策略"，载《种子科技》2017 年第 7 期。

［14］施维："中国农村发展报告（2017）"，载《农民日报》2017 年 7 月 25 日，第 2 版。

［15］刘乃安："我国农村土地制度的演变及其特点分析"，载《农业经济》2017 年第 7 期。

［16］李丽："农村土地确权的重要意义、现状及对策研究"，载《财会学习》2017 年第 12 期。

［17］戴维："中国农村土地资源的社会保障功能研究"，载《2017 年中国地理学会经济地理专业委员会学术年会论文摘要集》2017 年。

［18］韩立达、王艳西、韩冬："农地'三权分置'的运行及实现形式研究"，载《农业经济问题》2017 年第 6 期。

［19］吴少男："稳妥推进农村土地制度改革三项试点不断探索总结'平罗经验'"，载《宁夏日报》2017 年 06 月 21 日，第 2 版。

［20］何睿、罗华伟："我国农村土地经营权证券化的思考"，载《中国市场》2017 年第 17 期。

［21］姚彦虎："不动产登记体系下的土地经营权探析"，载《农业科技与信息》2017 年第 11 期。

［22］王圳钦、方茂扬："中国农村土地流转问题与对策的调查研究——基于广东省农地流转调查分析"，载《市场周刊（理论研究)》2017 年第 6 期。

［23］王秀珍："试论土地流转对农村经济发展的影响"，载《新农业》2017 年第 11 期。

［24］刘保奎："农村土地制度改革的'下半场'：稳中求进"，载《中国房地产》2017 年第 16 期。

［25］黄德江："当前我国农村土地违法现象及管理对策研究"，载《乡村科技》2016 年第 14 期。

［26］"土地管理法修改列入十二届全国人大常委会立法规划"，载《城市规划通讯》2017 年第 1 期。

［27］金英、张桂华："实施'三权分置'机制拓宽农民融资渠道"，载《吉林农业》2016 年第 24 期。

［28］穆轩、田光："农地产权改革的路径研究"，载《河北企业》2016 年第 12 期。

［29］肖卫东、梁春梅："农村土地'三权分置'的内涵、基本要义及权利关系"，载《中国农村经济》2016 年第 11 期。

［30］徐天霞："引导农村土地规范流转积极推进适度规模经营"，载《经营管理者》2016 年第 33 期。

［31］李清、兰玲："吉林省农村土地流转障碍因素分析"，载《现代交际》2016 年第 22 期。

［32］李志启："关于农村土地'三权分置'改革"，载《中国工程咨询》2016 年第 8 期。

［33］兰可雄："'两权'抵押贷款的风险防范——基于福建省试点县（市）的实践"，载《福建金融》2016 年第 10 期。

［34］范辉、刘卫东、单娜娜："我国农村宅基地退出研究进展"，载《国土资源科技管理》2016 年第 5 期。

［35］游德升："农村土地制度改革背景宅基地使用权申请取得制度的问题与对策分析"，载《中国农业资源与区划》2016 年第 9 期。

［36］魏后凯、刘同山："农村宅基地退出的政策演变、模式比较及制度安排"，载《东岳论丛》2016 年第 9 期。

［37］袁玏："基于 Python 的农村土地承包经营权地块数据处理的研究"，载《南方国土资源》2016 年第 8 期。

［38］余红、刘玉秀："我国农村土地承包经营权继承问题探析"，载《成都理工大学学报（社会科学版）》2016 年第 4 期。

［39］赵炳洪："中国农村土地利益纠纷的现状成因和对策分析"，载《农业与技术》2016 年第 8 期。

［40］宋志红："农村土地制度改革中的效率与稳定问题探讨"，载《中国国土资源经济》2016 年第 4 期。

［41］曲颂等："农村土地纠纷的现状、趋势与化解对策"，载《农业经济》

2016 年第 4 期。

　　[42] 陈朝兵："农村土地'三权分置'：功能作用、权能划分与制度构建"，载《中国人口（资源与环境）》2016 年第 4 期。

　　[43] 程世勇："中国农村土地制度变迁：多元利益博弈与制度均衡"，载《社会科学辑刊》2016 年第 2 期。

　　[44] 马智利、刘李秋、马敏达："基于农村宅基地确权研究背景下的'住房券'兑换模式研究"，载《武汉金融》2016 年第 3 期。

　　[45] 王敬尧、魏来："当代中国农地制度的存续与变迁"，载《中国社会科学》2016 年第 2 期。

　　[46] 夏玉莲："农村土地'三权分离'背景下的农业经营体制研究"，载《理论与改革》2016 年第 1 期。

　　[47] 陈金涛、刘文君："农村土地'三权分置'的制度设计与实现路径探析"，载《求实》2016 年第 1 期。

　　[48] 孙圣民、孟愈飞："当前农村土地流转的制度背景、影响因素、模式与展望：一个文献评述与政策解读"，载《理论学刊》2015 年第 12 期。

　　[49] 刘灵辉："土地承包关系'长久不变'政策的模糊性与实现形式研究"，载《南京农业大学学报（社会科学版)》2015 年第 6 期。

　　[50] 程承坪、张晓丽："农村土地制度改革：分离保障功能与经济功能"，载《学习与实践》2015 年第 11 期。

　　[51] 李晨曦："农村土地承包经营权抵押贷款的实践与思考：以黑龙江省克山县为例"，载《中国农业资源与区划》2015 年第 4 期。

　　[52] 宋志红："农村土地'三权分置'改革：风险防范与法治保障"，载《经济研究参考》2015 年第 24 期。

　　[53] 刘泽世："农村土地征收社会稳定风险评估机制研究"，载《法制与社会》2015 年第 12 期。

　　[54] 胡春湘："我国农村土地节约集约利用制度的困境与创新"，载《农村经济》2014 年第 3 期。

　　[55] 李红娟："我国农村土地征收法律制度改革的问题与对策：基于征地制度改革试点的分析"，载《管理现代化》2014 年第 1 期。